Combien j'ai douce souvenance[1]

---

[1] *Souvenir du pays de France*, F.-R. de Chateaubriand

©2022 Michel Mulquet
les photographies émanent de nos albums personnels
Édition : BoD - Books on Demand, info@bod.fr
Impression : BoD - Books on Demand, In de Tarpen 42,
Norderstedt (Allemagne)

Impression à la demande
ISBN : 978-2-3224-5012-1
Dépôt légal: novembre 2022

Combien j'ai douce souvenance
Une Hesbaye[2] désuète

battage dans les années trente

---

[2] *région fertile de Wallonie*

Si par aventure, *Uiop* de ses touches m'a trahi, ou si mes correcteurs s'assoupirent, puissiez-vous cher lecteur m'accorder une once de mansuétude.

Prologue.

      J'ai rapporté la réalité vue au travers d'un regard d'enfant vivant sa première décennie dans les années cinquante, yeux qui sans doute peuvent encore malgré les ans percevoir de temps à autre un certain parfum candide d'un monde polychrome.

      Cette réalité décrite ici fut devant mes yeux de petit homme, s'inscrivant profondément dans les premières pages de mes souvenirs. La plupart de ceux-ci n'ont plus été exhumés depuis tant d'années, les personnes évoquées nous ayant abandonnés en général depuis près d'un demi-siècle, et ma famille liégeoise n'appréciant pas les évocations burdinnoises.

      Seules quelques saillies amusantes agrémentaient de temps à autre les conversations, sans plus d'intérêt que la forme de la tasse de thé qui accompagnait nos rencontres familiales.

1. *Les bois du cerf*

Il en est de nos origines comme des bois d'un cerf ; toujours deux ramures conduisent à l'animal, sinon que mes bois sont loin d'être symétriques !

Ma branche liégeoise

Je suis apparu de la convergence de deux sources fécondes : l'une bien liégeoise par Denise, ma frêle petite mère, l'autre hesbignonne par mon père Jules.

Enfant non planifié, je suis le fruit d'un échec, celui de la méthode contraceptive de Monsieur Ogino, que mes parents n'honorèrent jamais plus à partir de ma naissance : « avec *Ogino*, on fait des *oginettes* » avait si bien résumé le gynécologue de la famille !

Mon émergence fut attendue avec impatience par ma mère qui, après deux garçons, souhaitait de tout cœur une jolie petite fille. Non seulement je suis arrivé avec un mois de retard par rapport aux prévisions des oracles, mais Maman put ranger sans appel le rose de ses projets. Si on y ajoute que je respectai la tradition des bébés super-lourds de la fratrie, mais encore que je décidai de découvrir le monde au milieu de la nuit, je ne remplis aucunement les critères du cadeau divin !

Pauvre mère qui accoucha en trois essais de plus d'un mètre soixante de nourrisson et supporta près de quinze kilos de marmouset ! Notre père fut même vilipendé pour son inconséquence ; exploiter ainsi cette misérable femme malingre certainement tuberculeuse : pourtant, le bacille responsable, ce fut moi et mes plis d'enfant replet !

On éclôt quelque part, brindille d'un arbre méconnu

La corolle maternelle portait la coloration du sud ensoleillé et s'appelait Rosa, emblème de la pudeur au IIIe Sc., et bien qu'une origine médiévale lointaine et méconnue restât possible, mais totalement ignorée, Maman est née au cœur de Liège d'un père peintre en bâtiment employé au « *Nord belge* » qui devait évoluer plus tard en SNCB. Lambert, fut passionné d'imprimerie qu'il pratiqua bien au-delà de sa retraite, mais en outre dessinateur adroit formé à saint Luc, amateur de musique chorale à quatre voix « homme » dépeignant la condition misérable des ouvriers, pièces sociales que Zola n'aurait reniées, telle l'horreur de la vie des mineurs de fond dans « *Le coup de Grisou* » que plus aucun groupe n'attache au paysage de son répertoire.

Il appartenait à une fratrie nombreuse dont nous ne connaissons pas grand-chose, sinon que son père louait des charrettes à bras « *Dju d'là* », lisez *Outremeuse*, à l'époque populeuse et populaire située au cœur profond de Liège.

Tout petit, je rejoignais souvent son atelier imprégné de cette odeur particulière, synthèse des émanations de solvant, d'encre, d'atmosphères teintées de mystère ! Encombré de machines énormes se disputant l'espace ; une rogneuse qui m'aurait coupé un membre d'une seule manœuvre, une relieuse, les casiers souillés de noir et ces trésors de caractères mobiles gravés inversés et qui auraient certainement charmé le génie de *Léonard*. Et puis, éclairé par la proximité de la fenêtre, deux « pédales », mécaniques merveilleuses vomissant au rythme des rouleaux encreurs les copies de ce message de plomb illisible que mon grand-père avait édifié ligne par ligne, lettre par lettre au creux du composteur.

J'observais souvent cette naissance avec dans les yeux une constellation de perles ; j'aurais tant souhaité moi aussi composer, me noircir les mains et donner le jour à ces imprimés, faire-part ou cartes de visite que de la poudre d'or pouvait anoblir. Une de ces après-midi passées une fois de plus dans l'atelier me fit promettre à Lambert, « *quand je sera pensionné, je viendra t'aider* ».

OK, l'assimilation du futur simple et des notions temporelles restaient à intégrer, mais l'école gardienne et les efforts de mes parents allaient bientôt y remédier !

Au lendemain de la Grande Guerre, il avait épousé au retour du front une frêle jeune fille prénommée Maria, demoiselle aux cheveux blond vénitien issue d'une famille aux relents un rien bourgeois dont la maman appartenait à une des branches ramifiées des Quitin aux gènes en forme de portée musicale et dont le papa, corniste d'orchestre, fut certainement la source probable des attraits de notre phylum liégeois pour les jolies notes. Les circonstances le laissèrent orphelin de naissance, tarissant dès lors définitivement toute recherche généalogique sur le patronyme *Delleur*.

Ainsi Maria, ma grand-mère de Liège, eut pour père un compagnon d'Eugène Ysaÿe au conservatoire de Liège, jouant dans des formations instrumentales, membre d'harmonies se produisant sans doute sur un de ces kiosques condamnés par le progrès ou accompagnant les processions pour lesquels il entretenait un réel intérêt, mais encore animant à la manière des Strauss les bals du samedi où il connut mon arrière-grand-mère. L'histoire familiale retint que notre musicien fut séduit par la jolie dentition de Mademoiselle Quitin, elle qui arborait une prothèse, ce à quoi elle répondait qu'elle fut attendrie par sa chevelure opulente, lui qui voyait son front s'agrandir !

Petit bonhomme, il avait montré de belles dispositions pour *Euterpe*, et l'institution dans laquelle il avait été placé lui acheta un cor à pistons, ce qui jeta la base d'un futur couple romantique.

À la naissance de sa petite-fille Denise, c'est à travers une rivière d'émotions contenues qu'il transcrit sur de multiples portées que bois, cuivres et percussions se partagèrent : ainsi germa une marche pour harmonie, bien entendu titrée « *Denise* », dont je n'ai retrouvé que quelques pupitres. Un ami organiste et compositeur s'essaya à une résurrection, mais le matériel qui m'était parvenu ne présentait que trop peu de fragments. « *Denise* » restera, à notre plus profond regret, dans le cimetière des œuvres oubliées.

Dans son grand âge, sentant que la musique ne serait plus que dans l'évocation du passé et les mélodies fredonnées, il décida d'offrir son instrument à un jeune orphelin doué. Ainsi, il fit don de son cor qui fut exploré de son vivant !

Paradoxal, évidemment ! Habituellement, le « *don du corps* » n'est exploité qu'une fois le décès confirmé !

Au soir de ses jours, il aimait à prendre notre maman sur ses genoux, lui faisait poser sa menotte de dix-huit mois sur la sienne. Il sifflotait alors une de ces mélodies peuplant sa mémoire, battant les temps au rythme de la pulsation, semant dans un terreau tellement favorable l'avenir d'une pianiste.

Après sa mort, son épouse accompagnée de Maria suivait souvent les harmonies fréquemment présentes dans les processions, le parfum de son corniste soulevant cette pluie douce qui humidifie les miroirs de l'âme désolée.

Maria apprit la couture auprès de sa maman, occupation professionnelle qu'elles partagèrent jusqu'à la disparition de notre arrière-grand-mère à la fin des années trente. Avoir marié un musicien l'avait sans aucun doute encouragée à serrer fermement les cordons de la vie courante et matérielle, exerçant avec une intransigeante autorité qui empêcha Denise de poursuivre au conservatoire : Denise serait maîtresse, et savoir jouer Chopin ou Brahms suffisait largement pour initier les enfants aux riches arcanes de l'art des notes.

Maman ne fut pas institutrice, et ne put entrer au conservatoire ! Il faut dire aussi que la survenue de notre père dans ses jours allait régler son avenir.

Sa mère que j'appelais Marraine de Liège afin de la distinguer de la sœur de Papa qui se prénommait également Maria, elle qui m'a porté sur les fonts baptismaux. Elle habitait une maison menue de Grivegnée où elle tenait une papeterie riche de cahiers, feuilles de farde, stylo, et objets classiques, mais encore caverne fertile en souvenirs de communion : missels, liseuses en cuir, chapelet ou petite vierge. À l'arrière-boutique, mon grand-père avait installé son atelier duquel sortaient tous les imprimés que son épouse vendait.

Au premier étage, nos grands-parents vivaient sur trois pièces remplies de chaleur et de cordialité. Maria et Lambert n'étaient pas bien grands, et ils n'avaient pas trouvé le matériel génétique nécessaire pour faire émerger leurs deux enfants au-dessus de la moyenne inférieure. Marraine et Maman ne voyaient pas grand-chose dans la foule entourant les défilés ou les processions.

Maria était une petite dame à l'humour très fin que masquait un visage qu'il fallait déchiffrer pour le bien interpréter. Elle portait lunettes dont les verres installés dans une monture transparente accompagnaient ses lectures, notamment du journal étalé sur la table qu'elle commentait à l'adresse de mon grand-père, les deux pieds sur un passet, si l'on veut bien m'autoriser ce belgicisme. Par habitude, elle commençait par les avis de décès qu'elle ponctuait de mémorables « Oh, Lambert, sais-tu bien qui est mort ? ».

Marraine bénéficiait d'une solide connaissance du français, en particulier de l'orthographe qui servait quotidiennement dans la correction des épreuves imprimées. Grande amatrice d'opérette, elle profitait d'un abonnement « aux galeries » de l'opéra, entendez « *Théâtre royal de Liège* », retrouvant ainsi régulièrement un fidèle club fermé de vieilles adhérentes qui n'hésitaient jamais à soutenir le chœur, voire à le suppléer lorsque le compositeur se retournait dans sa tombe. Eh oui, les accidents, cela arrive aux meilleurs interprètes, surtout à cette époque où les chanteurs honoraient largement leurs déficiences solfégiques ! Moi qui ne suis pas vraiment attiré par ce genre musical, enfant, j'ai entendu une importante partie de ce répertoire au cours de ces jeudis après-midi que je passai au Royal au milieu de ce cénacle appréciant, commentant, fredonnant, et j'aimais cela !

Ah, joyeuse veuve, que d'« *Heures exquises qui nous grisent…* »

Lorsque les mois se font funestes

Le début des années cinquante se révéla très difficile pour la famille. Maman, toujours aussi transparente, se remettait d'un accouchement compliqué, répondait aux multiples sollicitations des trois fruits de ses entrailles âgés de 10, 6,5 et 3 ans, maintenait la barque du ménage, le timonier assurant seul le support pécuniaire.

Malheureusement, Papa prit froid, et rapidement la situation se dégrada fortement l'obligeant à garder le lit dans un état s'aggravant. Une pneumonie à cette époque représentait une affection lourde et l'on parla bientôt du *triduum* fatidique que l'on surmonte, ou qui condamne ! Il y avait moins de 10 ans que la pénicilline était réellement utilisable. Fut-elle employée, je ne puis le dire !

Par bonheur, Jules surmonta l'infection, mais eut besoin de plusieurs semaines de soin. Maman se partageait entre la chambre du malade et les exigences multiples du rez-de-chaussée, gravissant allègrement les étages pour répondre aux demandes du grabataire, et redégringolant les volées de l'escalier pour continuer son travail ménager et assurer les interpellations répétées que trois enfants imaginatifs impliquaient.

Elle s'exténuait toujours un peu plus, jusqu'à ce que surviennent l'exorbitance et la dépression qui expédièrent bientôt le benjamin, c'est-à-dire moi, à la campagne dans la famille de Papa pour un exil salvateur long de très nombreux mois.

Ainsi allaient se forger les brassées d'anecdotes pittoresques de mes toutes premières années.

2. Ma ramure paysanne

La branche patronymique burdinnoise

Papa hurla son premier cri au milieu de la *Grande Guerre*.

Il faut dire que notre grand-père avait « pioché » un haut numéro, le dispensant de toute activité belligérante, ce qui explique peut-être la naissance de ce petit enfant qui devint notre géniteur. Il se prénomma Jules, comme son oncle, martyr abattu tout au début de son arrivée dans les tranchées. Réformé en raison de sa myopie, il fut volontaire et, partant, se retrouva au front. Par un concours malheureux, il passa devant un clapet qui eut dû être refermé après un tir à la carabine, et ne remarqua point qu'il constituait une cible de choix qu'un Allemand adroit ne rata pas. Une balle l'atteignit entre les deux yeux, éclaboussant ses lunettes de son sang de héros.

Un peu compliqué à voir, la relique, quand on ne dépasse pas trois pommes, et que l'on vous présente deux verres tachés cerclés de métal, mais on peut comprendre pourquoi la famille entretenait la mémoire de cet oncle disparu alors que l'armée n'en avait pas voulu.

Papa était le puîné d'un premier enfant de trois ans son aîné prénommé Arsène en honneur de notre arrière-grand-père. À sept ans, je ne sais à la suite de quelles circonstances, il vint à décéder, plongeant ses parents dans un deuil dont le voile devait partiellement survivre jusqu'en nos primes années. Sans doute est-ce en partie l'origine d'une certaine froideur qui exsudait et imprégnait l'atmosphère de Burdinne, mais encore aussi la raison qui devait amener notre père au pensionnat de Saint Quirin, à Huy. Chez nous, jamais Papa n'a fait allusion à un quelconque souvenir de sa jeunesse sans qu'il ne fût lié à son collège, à son internat.

Notre Arsène fondateur fit édifier dans la partie médiane du village de Burdinne une maison flanquée de part et d'autre de la porte centrale à sa droite d'une écurie, à sa gauche, outre le corps de logis, d'étables et grange donnant sur une cour garnie d'un fumier. Il faut préciser que cet honorable ancêtre conduisait la malle-poste menant à Huy, et que souvent, en fin de journée, ce sont les chevaux qui ramenaient Arsène occupé à compter les éléphants roses. Comme il fut constructeur de son habitation qui accueillit la lignée, nous avons toujours été identifiés à partir de cette référence ; imaginez, « *Michel, d'à Jules, d'à Hubert, d'amon Arsèn* », mais on peut continuer : *fils de François-Charles, fils de Nicolas-Clément (1 792), fils de Nicolas (1 768), fils de Antoine (1 730 ?)*.

Merci Grand-Papa qui a effectué ces recherches, mais, entre-nous, appelez-moi Michel !

Je conserve la réminiscence des anneaux fixés dans la façade qui servaient à retenir temporairement les animaux et j'aidai avec efficacité Hubert, mon Grand-Père, à transformer l'écurie en pièce de vie qui allait devenir la « *Grande* » ou « la

Belle » place, suivant le locuteur ! Soyons honnêtes, je me souviens d'avoir, tout petit bonhomme, blessé le mur du fond de l'étable donnant sur la cour arrière avec le modeste marteau totalement métallique que mon grand-père utilisait pour réceptionner les voies qu'il installa là où Arsène mena sa malle-poste. Heurtant l'extrémité d'un rail, Hubert, et plus tard son fils Jules, étaient capables de détecter au son perçu les « pailles », ou irrégularités de structure, rendant l'acier impropre à l'usage d'une voie vicinale.

    Arsène ayant bien profité de la dive bouteille et de nombreux kilos de tabac, vit se réduire son espérance de bénéficier de sa pension pour s'évaporer prématurément dans la cinquantaine finissante d'un cancer de la gorge.

Ainsi Hubert reprit le bien, mais sans la diligence, et récupéra à meilleure fin l'écurie désormais inutile, enrichissant le rez-de-chaussée d'une pièce de plus largement nécessaire. Arsène avait limité l'espace de vie à une élégante place, prolongée par une cuisine étroite dans laquelle la famille vivait, apprêtait les repas que le ménage consommait sur une vieille table de bois visitée par d'importuns xylophages, ou tuant les dernières heures du jour au son d'une volumineuse radio à l'ébénisterie soignée. La « Belle Pièce » fut réservée aux réceptions des étrangers dans une salle à manger breughélienne, et derrière la fenêtre à rue, un salon nanti de fauteuils opulents accueillait les observateurs masqués par le moucharabieh végétal qu'offraient de généreuses plantes vertes, déchiffrant une existence tellement passionnante lorsque les voisins, les inconnus, ou le bétail passaient devant la maison.

Ma forclusion bucolique

Appelez cela xénélasie, pétalisme, ostracisme ou tout autre beau mot de la langue française, mais ce fut pour moi une période d'exclusion difficile à comprendre pour le jeunet que j'étais ; mais il est vrai que la situation familiale à la maison rendait mon énergie quelque peu encombrante et incompatible avec l'état de santé de nos parents. Croyez cependant qu'effectivement, je vécus cette évacuation vers Burdinne avec une nette coloration d'exil !

Mon Grand-père était un homme timide, austère, et donc taiseux, voire dur avec ce petit avorton qui ne retenait guère son attention, et sans doute son affection. Seul le premier enfant mâle avait éveillé son intérêt. Très imprégnée de l'esprit du XIXe, la primogéniture lui était une évidence : il lui accorda le parrainage zélé, veillant à l'intégrité du « patrimoine », spoliant ainsi les puînés de toute quelconque valeur transmise, mobilière ou foncière. Cette volonté fut strictement et intégralement respectée, et uniquement l'aîné, bien entendu prénommé Arsène comme le fondateur, a reçu le portefeuille d'actions, la maison, etc. Heureusement, mon frère Christian et moi avons été élevés dans la pleine conscience de ces dispositions, aussi nous parurent-elles naturelles et ne soulevèrent-elles aucune acrimonie.

Ses moustaches recourbées légèrement jaunies par sa pipe au long tuyau reposant sur son abdomen m'interrogeaient : comment diable le guidon restait-il en forme ? Bien sûr, on pouvait supposer que quelques reliefs de potage y contribuaient, mais le mystère demeurait impénétrable ! Et puis un jour de toilette, je retrouvai le rasoir de barbier, le blaireau, le bassin émaillé tellement semblable au matériel de Papa, mais je découvris en outre le fer à friser les bacchantes que l'on faisait chauffer sur la cuisinière ! Quelle révélation improbable, et ma foi, assez insolite que pour éveiller mon caractère souriant. Par circonspection, et à la ferme invitation de mon grand-père, je me repliai prudemment.

Imprégné de ses obligations professionnelles, pourtant désormais obsolètes, Parrain de Burdinne ainsi que nous le nommions, gardait l'habitude de chausser ses lunettes de lecture à la sombre monture, rejoignait la belle et grande place, ouvrait un haut vieux secrétaire à l'écritoire inclinée, pour se plonger dans d'antiques registres, évocation des équipes d'ouvriers qu'il dirigeait sur différents chantiers vicinaux. Dans un petit casier, bien protégé, les bésicles tachées du sang de l'oncle Jules attendaient patiemment la suivante ostension. L'endroit était sacré, et les reliques héroïques de 14 encourageaient l'obéissance !

Odile, son épouse, que nous appelions Nénenne, partageait sa vie depuis tant d'années qu'ils devaient certainement avoir toujours été âgés, ridés, et inaccessibles. Je dois à la vérité de souligner que ma grand-mère me considérait modérément, sinon un peu mieux, mais peu d'intimité ne nous rapprochait. Il me revient cependant que petit, elle me prenait sur ses genoux, puis me faisait glisser au sol ; mais cela demeure la seule vidéo dans ma pinacothèque neuronale dans laquelle elle joue un modeste rôle maternel !

Elle possédait de longs cheveux blancs, très légèrement jaunis çà et là que ma marraine et tante, sœur cadette de Papa, brossaient pour bientôt les ordonner en chignon tellement commun en cette époque dans nos campagnes profondes.

Embrasser Nénenne, c'était monter à l'assaut de sa petite taille cambrée pour recevoir avec un coup de menton un baiser fugace de sa bouche édentée dépourvue de prothèse portée uniquement pour la messe dominicale, exhumée de l'eau de son bocal pour être insérée, mais pas avant d'avoir enfilé le manteau et les chaussures déformées par les « *aguesses*[3] », disposé le chapeau, apprêté le missel. Un jus *Belgas* en forme de monnaie à la réglisse colorant légèrement le matériel dentaire achevait de rafraîchir l'haleine pendant l'ascension vers la place où siège toujours l'église historique.

---

[3] *hallux valgus*

Par quelle douleur profonde le chemin de la vie de ce couple l'avait-il conduit pour vivre ainsi dans la sécheresse que tellement peu d'échanges affectueux reliaient ? La mort de leur garçon à l'aube de l'adolescence ? Très certainement. Mais des écueils nombreux avaient dû les marquer sans que leur pudeur les autorisât à les décrire.

Ma marraine et tante

Sœur cadette de Papa, Maria me tint sur les fonts baptismaux avec Freddy, le frère de Maman, se partageant l'audacieuse mission de parachever, voire suppléer l'éducation donnée par mes parents qui, fort heureusement, se révéla aussi complète que je voulus bien la recevoir.

Elle résidait avec mes grands-parents dans la maison d'Arsène où elle exerçait le métier de modiste qui, à cette époque, vivait au gré des événements familiaux : communions, mariages, et sans aucun doute surtout les décès. Nous en étions toujours au large usage des chapeaux et des tulles arborés en période d'affliction dont l'importance devait traduire non seulement le degré de filiation, mais encore le temps écoulé depuis le départ du disparu. On passait ainsi du « grand deuil » au demi puis au « quart deuil » matérialisé par une adaptation de la longueur du voile. La désolation sinistre du Vendredi saint porté sur leur visage survivait sans espoir de résurrection qui aurait enterré ces pratiques avec le défunt. Chez les hommes, un ruban noir affiché au revers du veston suffisait, une fois remisés les vêtements sombres du « grand deuil ».

Souvent habillés de ténèbres, de mauve ou d'autre couleur terne, les patriarches du village endossaient tous les départs et les peines que vieillissant nous avons tous à déplorer. Ainsi, se maintenaient-ils prêts pour le décès suivant !

Mais comme partout à cette époque, la messe dominicale restait un moment privilégié pour sortir « endimanché », arborant les dernières tenues récemment acquises, et bien entendu les chapeaux vendus par Maria se taillaient toujours une belle part de l'intérêt féminin. C'était aussi l'opportunité de rappeler à tout le monde que les deuils étaient bien portés, les morts honorés, et les flammes consumant la mémoire bien présentes. Évidemment, Marraine savait évoquer aux bonnes personnes que telle parente au Xe degré du défunt avait acheté tel couvre-chef, mesure objective de son attachement. Les enchères marchaient toujours assez bien.

Mononcle Léon

La fratrie de mon grand-père offrait une galerie assez large de personnages divers, mais sans doute le plus singulier était-ce le frère cadet prénommé Léon. J'appréciais ce personnage qui m'intriguait, et donc mes grands-parents le maintenaient en marge de la tribu puisque je n'étais que rarement en accord avec mes aînés. La famille racontait qu'il avait été majordome à Anvers dans un milieu évidemment privilégié. Désireux de se rapprocher de ses sources, il prit contact avec sa sœur Joséphine, épouse du boulanger. A priori, sa maison n'offrait pas d'aménagement possible et l'installation d'un petit living, d'une chambre et d'utilités rebutait notre grand-tante. Mais Léon insista et prit les frais que cela pourrait induire à ses charges.

Or depuis quelques années, il n'y avait plus de cochon chez tante Fine, et les cuissons regroupées des tartes et gâteaux du clan et des amis nécessitaient un travail conséquent que l'oncle Joseph ne voulait plus assurer.

Et partant, Marthe, la cousine de Marraine et Papa, nous avertit que Léon allait rentrer à Burdinne et serait accueilli chez eux, et à la question de l'endroit où il était possible de le « ranger », Marthe répondit « *è stå d'pourcia[4]* ».

Ils firent démonter le four boulanger qui avait réuni tant de fois nos pâtissières, éteignant définitivement les senteurs appétissantes associées aux jours de fête. Abattant quelques parois de vieilles briques, les pièces nécessaires furent organisées, remplies de lumière dispensée par de larges fenêtres nouvellement percées. Le petit studio cossu sortit bientôt de son cocon, prêt à recevoir ce personnage particulier, aussi différent

---

[4] dans l'étable du porc

du reste de la famille que pouvait l'être Tante Maria, la benjamine, avec son allure bohème, mais dans un style opposé tellement singulier et imprégné d'une indéniable raideur. Bien entendu, l'aménagement conserva le nom malicieux de son ancienne destination : ce fut et demeura « *li stå d'pourcia* », sauf évidemment devant l'Oncle.

Je découvris un homme d'une jolie stature, svelte, portant des lunettes à la monture claire, très affable bien qu'une certaine rigidité imposât de se priver de toute familiarité. Il s'exprimait toujours en français dans un langage choisi, mais non ampoulé, coloré d'un accent que bien des années plus tard j'allais retrouver chez des membres de la famille de mon épouse qui résidaient à Anvers, mais qui faisaient partie de la communauté francophone bourgeoise de la ville. La mémoire de notre phylum a retenu qu'il pratiquait plusieurs langues, ce qui semble évidemment cohérent avec la fonction qu'il occupa sa vie active durant. Plusieurs peintures rythmaient les murs, et la décoration restait légère et économe.

Outre la diversité de ses centres d'intérêt dont il entretenait ses invités, son comportement dénotait fortement dans cette société qui ne laissait la place qu'à peu de personnages se démarquant ; le notaire, le médecin, le pharmacien, le curé… et oncle Léon. C'est au whisky sélect qu'il recevait ses hôtes, expulsant de son bar l'armagnac des grands jours burdinnois que les hommes consommaient en fin de bombance.

Jamais il n'y eut de contact entre Hubert et son frère, sans doute pour des raisons obscures que nous ne pouvions comprendre, et les seules nouvelles qui nous parvenaient se limitaient à celles colportées par Marthe.

Et bien entendu, je passai de temps à autre saluer le majordome !

Notre modiste

L'adaptation des « galurins » rétrécis par l'usage, démodés, ou nécessitant une réparation, voire une mise à jour de l'esthétique faisant apparaître de nouvelles fleurs, rubans ou oiseaux, fournissait du travail complémentaire à la vente. Ainsi, Maria passait l'essentiel de son temps dans sa boutique, ou dans la petite cuisine à l'arrière du magasin, mais encore dans la cour où elle s'installait avec sa vieille Singer à pédale qui faisait mon ravissement. Combien de fois n'ai-je pas actionné cette pédale entraînant le volant situé à sa droite, après avoir, bien entendu déjanté la courroie de cuir qui animait la machine. Couché par terre et stimuler le pédalier à la main de plus en plus vite, voir la roue se transformer en ventilateur, enflammer une Ferrari ou décoller un avion… et puis se faire gronder, souvent sans trop de vigueur par Marraine. Le matériel était solide, et Maria, tolérante.

Notre modiste avait aussi un instrument de torture pour chapeau revêtant la forme d'un dispositif métallique coupé verticalement, muni d'une résistance électrique en son sein assurant l'efficacité du système, et d'un axe fileté pourvu d'une manivelle permettant d'écarter au fur et à mesure les deux moitiés de l'outil. Le supplicié était forcé sur l'appareil, puis peu à peu écartelé jusqu'à la taille souhaitée. Le processus pouvait prendre plusieurs heures et le couvre-chef tiraillé pouvait même faire entendre les gémissements attendus par le tourment médiéval du démembrement. D'autres marottes statiques en bois ne servaient qu'à ajuster légèrement ou éventuellement graduellement à l'aide de moules progressifs pour atteindre le tour de tête requis.

Le traitement des feutres me paraissait tout aussi sauvage : Marraine chauffait de l'eau dans une bouilloire, qui bientôt rejetait par le bec verseur une vapeur intense dans laquelle les pièces étaient exposées puis brossées pour en conférer une meilleure présentation.

Après l'écartèlement, nous voici avec les martyres échaudés !

Sur le plan affectif, Maria restait célibataire, et je pense à la grande satisfaction de nos grands-parents. Pouvoir compter sur un *bâton de vieillesse* à la maison, une personne libre de toute entrave pouvant dispenser les soins qui nécessairement allaient poindre avec l'émergence du grand âge, n'était-ce pas une assurance ? L'avenir nous montra que la réalité allait se coller étroitement à ces perspectives.

Cependant Maria connut une relation sérieuse qui devait tragiquement se terminer en 1944 lors d'un bombardement américain de Bierwart durant la dernière guerre, et régulièrement nous nous rendions tous deux à vélo, tout jeune, sur un coussin fixé sur le porte-bagages, plus âgé, sur ma propre machine. Je fus le seul de la famille à accompagner Marraine sur la tombe de Marcel Crucifix, cet amoureux qui aurait pu être mon oncle, dans un pèlerinage empreint de tristesse et de regrets. Nous y déposions quelques pensées amères, un petit bouquet cueilli dans notre jardin, quelquefois l'évocation d'une page tendre, puis reprenions la grand-route bétonnée dont les joints de dilatation comblés à l'asphalte rythmaient le retour.

3. *Mes découvertes agrestes*

Le village de Burdinne

Le village vit dans cette partie de la Hesbaye qui voit alterner les bosquets, les champs généreux et les pâtures. C'est dans les années cinquante que je découvris les rudiments et les bases de ce qui allait constituer les fondations qui feraient de moi un adulte dans ce monde agricole qui se remettait avec peine de la dernière guerre. Beaucoup de petites exploitations vivotaient sur des superficies beaucoup trop restreintes que pour ramener une situation économique satisfaisante.

De très nombreuses haies morcelaient le paysage parcouru par des routes secondaires cahoteuses qui tenaient souvent plus d'une voie détritique, voire du chemin de terre ainsi qu'il existait près de notre maison et qui devait devenir un accès essentiel à la dorsale wallonne.

La traction animale prédominait, engraissant le sol à son passage et les chariots munis de roues aux rayons de bois couinaient sous l'effort des chevaux, le cerclage de fer crissant sur les cailloux qui fuyaient latéralement.

La vie grouillait et les fourrés chantaient des piaillements de leurs locataires ailés, les hirondelles animaient la fin du jour depuis les fils électriques et à la hauteur de leur vol pour gober les insectes, nous savions le temps qu'il pouvait faire dans les heures suivantes. Ces arondes précieuses auxquelles les paysans ménageaient une place dans leurs étables, maintenant l'ouverture d'une fenêtre d'accès afin de nourrir les jeunes accompagnant de leurs pépiements les bruits associés au bétail, hôtes légitimes des lieux, ces squatters appréciés préservaient la maisonnée du mauvais sort !

Actuellement, les haies ont disparu pour voir de stériles clôtures les remplacer, les volatiles évanouis… et les mélodies d'oiseaux éteintes.

Le travail au champ occasionnait très souvent une participation collective, surtout durant la phase estivale où la récolte des céréales passait par gerbes et dizeaux éreintants, et la période automnale avec l'extraction des betteraves en fin de production des plantations était tout autant exténuante. La cohérence d'un village naît toujours des projets communs et l'aide réciproque soudait les cultivateurs, les quartiers, mais il est vrai quelquefois avec une certaine volatilité, ou encore des trahisons, des disputes ; mais devant la nécessité, le pardon et la mansuétude restaient de mise : l'homme ne se réforme évidemment pas.

Tout se faisait lentement, au rythme des pas obstinés des paysans et des bêtes, et j'affectionnais cette vie pittoresque, moi qui pouvais comparer avec le quotidien liégeois. Je n'avais aucune conscience à travers mon regard d'enfant de moins de cinq ans de l'âpreté et de la longueur des jours !

Le confort des habitations était relatif et très satisfaisant dans les années trente, mais tellement éloigné d'une installation citadine, fût-elle modeste. Chez mon grand-père, il n'y avait pas de distribution d'eau potable dans notre rue, encore moins de tout-à-l'égout, ni toilette acceptable qui aurait rejeté dans l'oubli nos *utilités* dans lesquelles seul l'hiver faisait taire les mouches envahissantes et réduire les odeurs de la fosse d'aisances ! La route dite de Huy n'avait été asphaltée que jusqu'à notre maison, et elle se poursuivait par un chemin empierré blessé de profonds nids-de-poule conduisant dans la partie basse du village implanté sur la rive gauche de la Burdinale, principal affluent de la Mehaigne, principal affluent hesbignon de la Meuse en rive gauche !

Burdinne s'est installé depuis le Moyen Âge en cette Hesbaye par endroits vallonnée, émaillée çà et là de bosquets, de tumulus, de bois en ces limons propices aux cultures riches où betteraves et céréales animent le pouls de la région. Bien que de nouvelles cultures aient fait leur apparition, ce n'était évidemment pas différent dans mon enfance ; seuls les moyens ont changé, et avec eux, le paysage qui a fait place à la mécanisation et aux coulées de boue, chassant les paysans et leurs outils ancestraux. Les techniciens et les entrepreneurs envahirent les champs, manœuvrant de lourds engins plombant l'humus et la terre vivante pour laisser un substrat, support des productions industrielles chimiques. Bien entendu, nous n'ignorons pas que ce tribut résulte d'une évolution obligée des procédés culturaux réclamés par le marché, mais quelle métamorphose du panorama campagnard !

Il est vrai que les silos en fermentation fumante ont disparu. Ils ponctuaient le paysage durant l'hiver et apportaient une note prégnante que les narines citadines ne pouvaient tolérer.

À l'automne, les betteraves récoltées et chargées dans des tombereaux débordants étaient conduites à la râperie, souvent en procession et au rythme du pas des énormes chevaux de trait. À Burdinne, comme pour les villages avoisinants, les racines étaient traitées à la grand-route de Bierwart. En général la distance séparant les champs des installations restait faible, de l'ordre de cinq à maximum dix kilomètres, si bien qu'il en existait un nombre assez important. Les betteraves y étaient lavées et râpées, ce qui produisait des « pulpes », déchets du passage dans les appareillages qui récoltaient le jus sucré envoyé par des conduites souterraines pour raffinage à Wanze. Les paysans revenaient à pleins tombereaux de ces pulpes qui étaient empilées avec les collets sur les terres pour y fermenter en gros tas de « fromages », délicat mets proposé au bétail au cours de l'hiver en attendant que les prés repoussent. Cette friandise mijotée pendant des semaines servait d'aliment des mois durant, communiquait au lait, et donc aux dérivés un parfum caractéristique que le printemps devait fort heureusement tuer, le retour du soleil colorant le beurre du jaune des renoncules ou pissenlits et l'imprégnant de nouvelles senteurs.

La partie supérieure du village, sans doute la plus ancienne, se voyait nantie des personnages les plus importants de la communauté : le presbytère et son curé, le pharmacien Bertrand, le menuisier chargé des meubles de l'éternité et des « décorations » opulentes des funérailles, l'école, le sacristain, le notaire, et un peu à l'écart, le médecin. Pas loin, on retrouvait la maison communale, centre des décisions de la vie civile.

Sur « la Grand-Place », l'église qui pour nous n'était que notre église, sans plus, alors qu'elle témoigne fidèlement du passé. Enfant, gravissant l'escalier d'accès au porche, ma marraine me rappela maintes et maintes fois que la « *tour datait* », bien que le chevet ait survécu un siècle de plus !

Dans l'entrée, des marches de bois étroites et couinant conduisaient au jubé et à son orgue, modeste, sans doute, mais dont Renée tirait le fond musical nous préservant de la messe basse. Elle possédait une jolie tessiture de soprano et constituait la charpente de l'animation chorale. Les dames avaient pu profiter de judicieux conseils du chantre d'une communauté de religieuses. Malheureusement, les hommes n'ayant pas le loisir d'effectuer un dégrossissage au couvent conservaient une rugosité très abrupte ! Cela rendait le soutien liturgique tout en contraste, surtout dans les voix alternées.

Pénétrant par la double porte capitonnée de vieux cuir foncé, le fond de l'édifice assombri par le plancher du jubé était occupé de part et d'autre par les confessionnaux ; à droite, celui du Curé local, à gauche, celui du prêtre invité, souvent aux pénitences moins exigeantes les jours de lavage des âmes.

Au mur de gauche, près du confessionnal, une peinture à l'huile trop grande et lugubre me remplissait de crainte : il faut dire que le martyre de Saint Érasme de Formia, que d'aucuns appellent Saint-Elme, soulève le dégoût ! Imaginez, le pauvre évêque couché sur le dos, les bras attachés au-dessus de la tête, l'abdomen ouvert, subissant l'extraction de ses intestins à l'aide d'un cabestan manœuvré par deux soldats romains ! On savait soumettre à la question à l'aube du IVe siècle !

Il était prié pour les coliques infantiles, les maladies alvines, les crampes digestives et les douleurs de l'accouchement, sans oublier la peste animale et la protection des marins des feux de Saint-Elme au sommet de la mâture des bateaux en cas d'orage.

Cette bâtisse à nef unique présentait outre la sainte table, deux autels latéraux dont seul celui de gauche nous intéressait : c'est celui de la Sainte Vierge à l'enfant que ma marraine habillait très régulièrement, adaptant ses robes au temps de l'église. Bien entendu elle assortissait les vêtements du petit Jésus à ceux de sa maman. Ainsi, il existait toute une double parure que ma tante entretenait, voire complétait.

Tout gamin, j'avais assisté à la dénudation de Marie, et quelle ne fut pas ma surprise de découvrir que la Sainte Vierge n'avait pas de corps sinon une espèce de tonneau en bois qui me heurta tellement qu'à ce jour, près de septante ans plus tard, cette image offusquante subsiste. J'avais pourtant, par pudeur, de prime abord détourné les yeux. Mais comment résister à la tentation et regarder sous la robe ! Déjà, sacripant !

L'église en ces heures révolues était garnie de chaises propriétaires ; les familles détenaient un ou plusieurs prie-Dieu plus ou moins sculptés pourvus de velours choisis et munis d'un modeste coffre sous l'accoudoir. Lorsque le clan était réuni et partant que nous étions trop nombreux pour nos trois places, ma marraine se mettait en quête d'emprunts disponibles. Encore fallait-il que les possesseurs fussent d'accord de les céder le temps d'une messe.

L'assemblée était divisée par deux travées, répartissant ainsi le peuple en trois groupes. Nous appartenions à la phalange de droite, au pied de l'escalier conduisant à la chaire de vérité, au deuxième ou troisième rang, bien devant ! Important que Marraine fût bien en vue ; commerçante, et en outre habillant la Sainte Vierge, elle devait être aperçue. Ma grand-mère, vieille dame, rejoignait les autres suceuses de Belgas qu'elles se dépêchaient, au moment opportun, d'avaler en montant vers le banc de communion ; assises dans les banquettes disposées dans le groupe de gauche, au fond de l'église, il s'y dégageait un fort effluve de la naphtaline imprégnant les semaines durant les vêtements sortis juste avant de gravir les quelques centaines de mètres la séparant de la Grand-Place. Mon grand-père s'était choisi une position particulière : il avait décidé de s'installer dans le confessionnal de droite, à la place du prêtre, sur la petite estrade qui rendait encore plus grande sa stature imposante et jetait ainsi son regard bien au-dessus de l'assemblée. À l'entrée, la brigade des hommes debout en rangs serrés et bien sûr, endimanchés, prêts à s'éclipser vers l'estaminet tout proche pendant le sermon, mais relarguant une odeur opiniâtre de l'étable qu'ils avaient visitée immédiatement avant l'office pour s'assurer que tout allait bien et que le capital ne risquait rien, se résolvant enfin à laisser les bêtes le temps de la messe.

La cérémonie constituait à elle seule une peinture olfactive aux touches variées, lourdes, cocktail d'insectifuges, de parfums divers mélangeant le « Soir de Paris » à l'eau de Cologne boisée, d'encens, et d'effluves de vache !

Pittoresque, et mémorable.

À l'ombre de l'église, sis sur la butte au plus circonvoisin de la maison de Dieu, l'ancien petit cimetière voyait très fréquemment mon passage. Tout jeune, j'aimais ce lieu des âmes oubliées, enclos de hautes grilles noires. On y pénétrait par un portillon grinçant qui avertissait ma tante de l'endroit où elle devrait me récupérer.

La force des ans et l'usure du temps avaient éprouvé les noms qui s'estompaient. Souvent l'herbe gagnait sur la terre autrefois ratissée et les lichens incrustaient les pierres calcaires pourtant marquées d'éternels regrets. Des membres de la famille reposaient assurément en ce lieu négligé, mais les souvenirs s'étiolent, et personne ne pouvait retrouver dans son passé les traces de ces parents disparus. J'appréciais de laisser mes pas déambuler là où jamais personne ne venait, m'arrêtant au gré des toutes modestes tombes des bébés restés dans les limbes dont une, en particulier, à petite clôture haute d'une vingtaine de centimètres peinte en bleu ciel m'est particulièrement gravée dans la mémoire. De quelle déploration était-elle le stigmate ?

 D'autres nourrissons, baptisés ou simplement ondoyés à la hâte, bénéficiaient du regard bienveillant de l'Église et portaient une croix décorée d'un angelot, allusion au paradis bientôt rejoint par leur entourage. Tout dans cet environnement m'interrogeait et les réponses obtenues assez insatisfaisantes. Mais comment à moins de cinq ans se confronter à cette réalité de la mort, à la disparition des enfants et absorber ce qui continue à nous heurter dans notre maturité d'adulte.

 Fréquemment, les anciens évoquaient la présence de religieuses qui avait honoré le village, et je m'attendais à les voir surgir au milieu de l'assemblée, j'imagine, dans les bancs puisqu'elles devaient être aussi vieilles que ma grand-mère qui en parlait. Et effectivement, les rencontrer m'aurait sans doute effrayé : fuyant une situation politique défavorable, trente-trois chartreuses s'exilèrent du Gard pour s'installer au château de

Burdinne en 1906 qu'elles quittèrent en 1928. Je ne risquais pas de les apercevoir débouler à l'office près de cinquante ans après, ou alors dans quel état !

 L'édifice protégé par de hautes grilles a été érigé en

fin du XVIIe en regard de l'église, en contrebas de la butte, profitant du haut de la place en pente légère pour le mettre en valeur. Sur le trottoir, flanquant le monument mémorial des martyrs abattus pour la Patrie lors des deux dernières guerres mondiales, deux canons de 75 laissés sur la chaussée par les Allemands en déroute face à l'avancée américaine rouillaient consciencieusement. Un peu plus grand, j'avoue avoir outragé le lieu en grimpant avec mes copains sur les cracheurs de mort qui participaient ainsi involontairement aux facéties de gamins délurés.

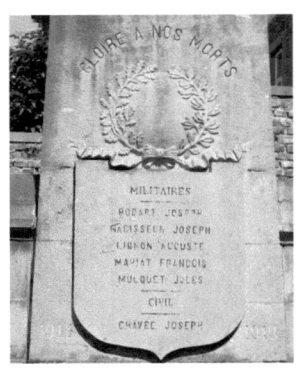

Le poilu de pierre me réservait toujours un curieux effet puisqu'il portait le nom et le prénom de mon père, qui, lui, était revenu de sa campagne des dix-huit jours, il est vrai avec beaucoup de chance. Vous aurez compris que c'est encore la trace des lunettes tachées de sang qui est gravée avec quatre compagnons d'armes dans le calcaire commémoratif : pauvre mononcle Jules. Mais s'il n'était mort, comment mon Papa se serait-il prénommé ? Allez savoir !

Ma première école

Dans une petite rue cachée sous la butte de l'église, nous avions notre école unisexe, gardienne et primaire, animée par deux instits magnifiques à l'ancienne, remarquables d'efficacité. Mademoiselle Hobé avait en charge le niveau élémentaire, tous les enfants étant regroupés dans son local, à gauche en entrant. Monsieur Joassin apprenait aux plus grands. La commune détenait l'organisation de l'enseignement, mais un mur de chaque classe portait un crucifix, et si un enterrement survenait, Ferdinand, le sacristain, voisin direct et par ailleurs cordonnier, venait quérir le nombre de marmousets nécessaires au service.

Les ennuis de santé de mes parents m'ayant envoyé vivre quelques mois qui allaient s'étendre et envahir l'année, ma Marraine jugea avec une pertinence évidente qu'il fallait m'occuper et la libérer de mon encombrante exubérance. Aussi, je découvris à quatre ans le plaisir et la richesse de rencontrer des copains qui allaient partager non seulement nos activités scolaires, mais encore mes quinze années suivantes avec le lot de bêtises, fruit de la somme de nos imaginations fertiles ! Ce noyau allait avec les années se supplémenter des idées de plusieurs petits comiques qui à certaines époques devaient dépasser les limites ; le garde champêtre n'apprécia pas, les fils rompus de téléphone du comte s'en souviennent. Heureusement, je n'en fus jamais et évitai les débordements : la notion de compliance stricte aux règles et de respect des jalons m'a toujours habité et préservé des égarements, réservant ma féconde créativité à d'admissibles sottises.

L'école me ravissait, et le mélange des niveaux tellement plaisant. Nous étions une belle petite tribu qui se réunissait chaque jour, et les heures passaient très vite, englouties par de multiples activités. Bien entendu, en arrivant, le dessin devait prendre une certaine place, mais encore le tissage de bandelettes ou le tricot ; le vrai, avec deux aiguilles et un fil beige qui devait devenir une écharpe. La mienne présentait plusieurs « aérations » imprévues sur le plan ; sans doute un nouveau concept qui ne devait pas survivre. À la maison, je possède un dernier vestige de cette époque scolaire heureuse, une petite tapisserie sur canevas pré-imprimé et réalisé au demi-point de croix que Mademoiselle Hobé encadra !

Mon premier travail reposa sur un exercice de graphisme tout à fait à ma portée, moi que Michel-Ange n'aurait pas choisi : le contour de ma main, puis complété du croquis du gant en laine fermé d'un cordonnet au niveau du poignet qui me protégeait du froid. Méticuleusement, je m'efforçai de montrer la torsade du fil formant la ganse, ce qui me prit un temps certain et agaça mon institutrice ! Mais, voilà, on ne se refait pas !

À Pâques, un bricolage inventif de Mademoiselle Hobé consista à enchâsser sur un côté des tiroirs de boîtes d'allumettes ; mettez-en assez, et vous obtiendrez une rosace. Avec six rosettes correctement collées, il se constitue alors une croix. Notre courageuse maîtresse passa ses moments libres à vernir ces montages qu'elle compléta d'un crucifix de cuivre. Jusqu'à la disparition de ma marraine, l'assemblage christianisé garnit un des murs de notre maison.

Plus tard dans l'année, et l'année suivante, nous découvrîmes les lettres de l'alphabet : des lignes de « l » rédigées sur un cahier à trois traits n'avaient rien pour plaire. Si en clôturant l'après-midi je rentrais joyeux, c'est que nous avions fait mieux connaissance avec les chiffres, ce que j'appréciais vraiment. Si mon humeur se révélait plus morose, nous avions terminé la classe en dédiant la fin de journée à l'écriture répétitive et lassante qui se dévoilait toujours plus complexe !

À partir de mes cinq ans, la deuxième année à Burdinne durant laquelle je ne fis que des stages à la campagne, mais sans continuité, Marraine collectait les petits travaux d'année quand je revenais à Liège, et lors de mon retour au grand air, outre mes heures passées à l'école, je devais me consacrer au rattrapage. Un peu pénible l'idée ; mais s'il fallait croire ma tante, je devenais, paraît-il, un grand garçon qui ne se plaint !

Quant à six ans, j'entamai mes primaires liégeoises, je ne compris pas pourquoi nous devions mémoriser des phrases écrites sur des bandelettes, alors qu'il suffisait de les lire. Pas terribles les « *j'ai une belle mallette* » ou « *la bogue pique comme un rosier* », mais c'était les nouveaux moyens de la méthode globale. Ajoutez à cela que l'atmosphère chez Mademoiselle Hobé si plaisante et épanouissante avait fait place à une organisation et une ambiance morose. Il me fallut attendre ma sixième pour retrouver un maître extraordinaire comparable à Mademoiselle Hobé, sachant guider ce bonhomme rêvassant et diablement sensible ; pour m'interroger oralement, Monsieur Limbioul laissait passer ce petit blanc que mon caractère émotif exigeait.

Autant j'avais aimé ma mignonne école gardienne, autant je me sentis écrasé, éteint, réprimé bien que je fusse bon élève sans glaner les lauriers du premier de classe.

Mais je m'écarte de mon propos : la vie du village au milieu du siècle se révéla bien plus pittoresque que ces écoles tellement communes avec leurs instituteurs en cache-poussière gris, envoyant l'enfant choisi lui acheter une tasse de café à dix heures. Je fus un jour l'élu, et la soucoupe récolta plus de liquide qu'elle n'en pouvait contenir, et je ne fus jamais plus mandaté !

Notre vie quotidienne

La petite vidéo qui me reste de l'écurie est courte, et les images de mes travaux d'assistant-démolisseur de mur très restreintes. Je garde surtout en mémoire cette « belle place » préservée de mes jeux que mon grand-père fit aménager. Pour l'essentiel, nous vivions dans la modeste cuisine, chauffée par un gros fourneau à la chaleur généreuse. Sur tout l'arrière du corps de logis, une large cour en contrebas du jardin remplissait le rôle d'extension de vie lorsque le temps le permettait. Appuyée contre la grange, une annexe minuscule que nous appelions le lavoir possédait deux pompes qui assuraient les apports d'eau : l'une de pluie, l'autre plongeant dans le puits que l'on aurait souhaité potable, mais que la prudence rejetait vers des usages moins nobles. Un grand bac de moellons cimentés recevait les effluents de rinçage conduit par un tuyau traversant la maçonnerie vers une rigole courant le long du bâtiment pour rejoindre la cour latérale. Un petit poêle crapaud en fonte servait à chauffer le lait ou cuire le boudin lors de l'abattage du porc. Face à la porte d'entrée, à gauche des pompes, l'écrémeuse *Mélotte* manuelle toute de rouge vêtue attendait les traites pour faire sonner à chaque tour son timbre. Une minuscule table nous accueillait souvent en été pour le déjeuner, serrés les uns contre les autres, mon dos appuyé sur l'écrémoir, mon grand-père soutenu par le muret de pierres. Un peu trop près de lui sans doute, mes écarts le repas durant étaient sanctionnés d'un coup de manche de couteau sur les doigts ; ma marraine changea ma place et se prit la Mélotte dans les lombaires. Pas commode le parrain !

Dans le coin droit de la cour en regardant le jardin, Arsène avait installé la fosse d'aisances, toilettes antédiluviennes constituées d'une planche bleu céladon clair percée permettant les dépôts, obturée par un couvercle de bois. Un puits assez court fait de briques colorées par l'usage et tapissées d'asticots menait à une citerne récoltant les *offrandes* qui en fin de saison pouvait éclabousser.

Pour nettoyer les reliefs de l'expulsion, nous disposions de rectangles de journal, souvent *l'Appel des Cloches* ou *la Libre Belgique,* qui marquaient leur passage d'un peu d'encre sur nos anatomies. C'était, en soirée, un des travaux de mon grand-père que de chausser ses lunettes, sortir son vieux canif, puis découper soigneusement ce qui allait bientôt nous honorer de leur noirceur. Heureusement, j'avais découvert le papier toilette que nous offrions à l'usage à nos invités, et malgré les remontrances, je ne m'en privai pas. Personnellement, jamais je ne m'asseyais, ayant développé une technique de bombardement depuis une position adroitement accroupie sur le panneau. Le tout était de bien viser, ce que je faisais avec dextérité. Ajoutez à cela un courant d'air permanent chargé des odeurs du bas, le froid ambiant à l'arrière-saison et vous aurez un tableau assez fidèle de ce lieu de commodités à l'intimité relative assurée par une porte planchée trop courte, peinte alternativement de rouge et de blanc, pas assez haute, et mal appliquée.

Une fois par an, mon grand-père versait du chlorure de fer dans la citerne afin de liquéfier le contenu et, le lendemain, installait avec l'aide des femmes des chenaux de bois acheminant les effluents des toilettes jusqu'à la gauche de la maison dans la cour voisine des étables, du fumier et de la grange, en empruntant le passage carrelé reliant l'arrière du corps de logis à l'accès au pré proche de l'abri des poules. Une vieille pompe à bras rouillée était disposée sur le conduit de vidange, et les matières envoyées avec vigueur dans le canal temporaire, le mascaret étant récolté dans un tonneau assujetti à une brouette.

Une certaine coordination était nécessaire afin d'interrompre le jet à point nommé avant que le réceptacle ne fût trop plein ! Mon grand-père gravissait alors avec une indéniable adresse l'accès pentu au verger sur lequel l'engrais humain était déversé. Çà et là, quelques *Appel* gisaient dans l'herbe attendant une ultime lecture.

Vous concevrez aisément que j'avais tout cela en horreur, profitant chez mes parents de toilettes liégeoises beaucoup plus confortables.

Inestimable sablier du jour

Hubert a travaillé toute sa carrière à la SNCV, la Société Nationale des Chemins de Fer Vicinaux, les bus rouges pour ceux qui ont connu cela, l'époque des véhicules sur rails étant tombés depuis la fin de la guerre dans les vieux cartons de l'histoire, et, au fond, simultanément à la mise à la retraite d'Hubert en 1947. Cet homme avait passé sa vie au rythme des minutes s'écoulant sur l'oignon qu'il sortait tellement souvent de son gilet ; aussi le quotidien à la maison tenait-il d'un horaire de hall de gare.

Toutes les prises de nourriture auraient pu servir de repères temporels, tant les habitudes restaient invariantes, les heures fixes et déterminées ; le petit-déjeuner « *al copette dès djou*[5] », le repas de midi, à 11 h 30, « *po's avu to fé*[6] » au milieu du jour, goûter à 15 h 30, et souper à 18 h. Ma grand-mère devait y veiller afin de ne rien décaler dans le temps !

Directement après le déjeuner, durant la vaisselle, mon grand-père s'installait dans son fauteuil attendant que le calme revienne dans la cuisine. Bientôt, dans une partition contemporaine non écrite laissant la part belle aux passages en imitation, fugue, ou contrepoint quotidiennement réécrite à

---

[5] au tout début de la journée

[6] pour avoir tout terminé

grandes goulées d'air riche de subtiles improvisations, le concert pour deux corps profonds emplissait la pièce.

L'été, le combat bruyant des mouches s'agitant dans la cour se joignait aux deux trombonistes pendant que ma tante se consacrait aux voiles et chapeaux, cousant à la main, bien sûr, par souci de ne pas altérer l'œuvre trémulante en cours.

Les heures de la journée étaient tuées à coup de repas, sieste, travaux au jardin, notre réservoir de légumes qui auraient pu être bio s'ils n'avaient reçu annuellement les fientes du poulailler et le fumier qu'il fallait bien éliminer. Encore faut-il ajouter la lessive, l'entretien de la maison, des peintures rouges et blanches ainsi qu'Hubert en avait décidé, ou encore les réparations de vélo dont les chambres caoutchoutées subissaient les attaques des épines multiples entravant le passage sur les chemins de terre.

Marraine exerçait ses activités de modiste, mais se ménageait un peu de temps pour glaner quelques nouvelles de la palpitation du village ; les malades, agonisants, et ultimes lisières de leur vie pour quelques trop vieux que le Bon Dieu avait oubliés et dont le souffle extrême animait le clocher d'un glas sonore qui allumait l'intérêt des commères. Mais qui s'est arrêté de respirer ? Suivaient les supputations diverses évoquant les personnes qui entraient dans leurs dernières allées, mais assurément plus important, le corps sera-t-il sur la terre pour le WE ?

Vous savez certainement que si le défunt n'est pas inhumé pour la messe dominicale, la dépouille exige un décès dans le mois ! Évidemment !

Heureusement, Marraine avait le téléphone, et le bruit du tam-tam se répandait !

C'était un appareil en Bakélite noire accessible au public, mais dans une habitation privée. Il était installé dans le vestibule sur le mur de façade et le numéro l'identifiant à cinq chiffres, 71416, appartient à l'archéologie. Un petit carnet servait de répertoire, mais encore à noter les appels passés. Chaque mois, un relevé précis reprenait les coordonnées des coups de fil : les correspondants, la durée de la conversation ainsi que le montant facturé parvenaient chez nous. Restait à récupérer les sous auprès des usagers. Chaque ligne informative était découpée, et nous faisions le tour du village afin de recouvrer les sommes avancées. Pour les appels interzonaux, c'était plus compliqué. Nous devions passer par une téléphoniste qui assurait le branchement vers la zone souhaitée, puis en fin d'entretien, il fallait recontacter l'opératrice qui fournissait directement les données nécessaires au paiement immédiat ; les interzonales coûtaient plus cher !

Un des moments privilégiés de la journée qui réunissait les vieilles dames de notre rue voyait les hirondelles voler en rasant la route, et les senteurs du soir se développer. La vesprée symbolisait le retour au calme et la mort paisible du jour. Les doyennes se rassemblaient sur un banc très fruste composé de deux pieds supportant une planche épaisse non peinte que mon grand-père avait installé dans un dégagement face à notre maison de l'autre côté de la chaussée, et abrité par une haie haute coupant le souffle du crépuscule. Les têtes chenues se racontaient les dernières actualités commentées et analysées, et les ignorances étaient comblées par des conjectures plus ou moins bienveillantes. Moment privilégié aussi pour acquérir avec un succès inconstant l'adresse nécessaire au déplacement sur mon petit vélo rouge entre le carrefour de chez Gaston, qui devint notre boucher, voisin de Nelly, et la banquette d'observatrices. Il est vrai que je conserve le souvenir brûlant d'une sortie malheureuse et non maîtrisée de la route qui se termina au fond du fossé bordant le chemin couvert d'orties de haute et urticante taille ! Ma grand-mère me récupéra tout hurlant et me baigna d'eau vinaigrée qui me poursuivit de son odeur jusqu'au lendemain.

Il faut dire aussi que Nénenne ne redoutant pas ces immenses orties craintes par toutes les jambes nues s'en saisissait pour traquer mes guiboles lors de nos oppositions, notamment pour l'heure du coucher ! Un rien extrémiste dans les moyens de coercition, ma chère grand-mère !

La vesprée restait le moment que choisissaient les personnes dont les occupations les avaient retenues hors de chez elles ou encore les ivrognes qui s'efforçaient de rejoindre leur maison. Quasiment tous les jours, nous voyions apparaître Jules, un vieux monsieur qui redescendait de la Grand-Place où subsistait un des derniers estaminets. Systématiquement bien mis, Jules rentrait comme il pouvait, sa pipe à long tuyau reposant sur son ventre, la casquette claire bien appliquée, costume sombre, gilet cendré. Je ne sais quel outrage du temps l'avait conduit à cette sujétion, mais les déplacements du soir étaient toujours très compliqués. Il arriva même alors que la lumière s'était pratiquement estompée, qu'il passa plus imprégné que d'habitude. Soudain, devant le pas de la porte, Jules se coucha dans le caniveau ayant décidé que les efforts de l'après-midi avaient été suffisants et qu'un répit s'imposait ! Nous eûmes vraiment beaucoup de difficultés à le redresser et le persuader de regagner sa maison du côté des Vallées.

Il n'était pas le seul, et un autre habitué aurait pu faire la route avec Jules, sinon qu'il n'avait pas profité d'une éducation compatible. Je ne le connais que par son surnom, « *Coq d'Aous*[7] », sans doute dû à certaines qualités appréciées par des amies particulières ! Son visage rougi par le fluidifiant, notre homme respirait l'éthanol à plein nez et les distances parcourues par le pochard s'éloignaient largement du chemin le plus court. Par bonheur, ces soûlons n'étaient pas bien méchants et leur commerce restait assez distrayant pour le banc.

Probablement dans la foulée de l'année 54 déclarée mariale, ou peut-être en perpétuation d'une tradition que j'ignore, les paroissiens, c'est-à-dire concrètement, les vieilles dames du coin se rassemblaient à vingt heures pour réciter le chapelet durant le mois d'août en face de chez Gaston, vraisemblablement dans l'esprit d'une neuvaine précédant l'Assomption.

---

[7] litt. « Coq d'août »

Dans le grand livre de mes *souvenances*, dans la page qui me revient en mémoire, je devais avoir sept ou huit ans, âge de me tenir calme une demi-heure, et pas encore dans la capacité de me récuser.

Ainsi, vers sept heures trente, une procession de chignons blanchis par les ans entraînant les petits enfants se réunissait dans l'espace empierré devant la chapelle. Outre le chapelet, le chœur chevrotant débitait en répons la litanie de la Sainte Vierge ; mais il était nécessaire de trouver un récitant. Autant que faire se pouvait chacun partageait l'avis commun : il fallait déléguer ce rôle à quelqu'un dont la prononciation était garantie, mais aussi susceptible de procéder en moins de vingt minutes, et c'est une copine qui fut choisie. Les invocations étaient divisées en deux parties : la première confiée à Elyse, la petite fille de la ferme voisine, suivie de la clausule reprise par la maîtrise rocailleuse par ces voix inaccoutumées au français déclamant *recto tono*, avec arrêts aux virgules ponctuant les phrases.

Pour la litanie, tout le travail était très rapidement assuré par Elyse, la psallette n'ayant que des interventions brèves. Ce qui était étonnant, c'est que la récitation de ma copine ne constituait qu'un fond sonore sur lequel les dernières nouvelles s'échangeaient, bien entendu entrecoupées, mais en intention continue. Le bavardage allait bon train, et le passage du wallon au français ne posait pas trop de problèmes. Mais la supplique ne laissait pas assez de temps aux conversations ; du moment qu'Elyse ne traîne pas, on poursuivrait après le chapelet.

Adulte, je demeure peu enclin aux prières répétitives que je considère beaucoup trop mécaniques et évocatrices de mon expérience des invocations itératives de mon enfance.

Venaient alors les soirées.

Je me revois vers mes cinq ans, étendant les minutes pour encore un peu tarder avec les grands avant de rejoindre les étages. La radio à lampe, imposante marqueterie soignée aux rondeurs assez décoratives posée en évidence sur une archelle, crachotait une ambiance sonore qui aurait pu être de la musique, bien qu'à heures rigoureuses l'INR promulguât l'heure officielle réglant l'activité belge du lendemain, nécessité que mon grand-père vérifiait tous les jours à la veillée sur tous les cadrans de la maison, précision qu'une vie de retraité oblige ! Il est vrai que ce lien avec le quotidien de la société nous rassurait sur l'évolution du marché à terme, mais aussi sur l'ensemble de la compétition sportive connectée au ballon rond que vomissaient jusqu'aux divisions provinciales Camille Fichefet et Luc Varenne. Jamais nous ne suivions une rencontre, et y avait-il seulement des reportages organisés, mais Hubert voulait savoir.

Il s'installait en bout de table, bourrait le généreux fourneau de sa pipe à long tuyau avec du Semois grosse coupe qui attendait habituellement protégé de la déshydratation dans son épais emballage bleu sur la première marche de l'escalier de la cave. Les hauts-fourneaux de Seraing n'étaient rien à côté des volutes emplissant rapidement la petite cuisine. J'aimais cette odeur particulièrement saucée et les cirrus qui ondulaient lentement dans la pièce créant une ambiance qui reste associée aux soirées ponctuées par le bruit des vieilles cartes à jouer culottées par tant de passages dans ses doigts noués par l'arthrose, tandis que les aiguilles fines métalliques trop nombreuses cliquetaient la laine dont ma grand-mère faisait des chaussettes. Il y avait une occupation singulière chez les anciennes qui consistait à démonter les vêtements usagés, à bobiner le fil en grosses pelotes, pour enfin agiter les dards des heures durant en de nouveaux tricots avec le fil récupéré. Cela donnait parfois des mariages inopportuns entre espèces dépareillées ! Ma tante comme toujours, cousait voiles et chapeaux, bien qu'elle se consacrât aussi à la confection d'habits.

Mais de temps à autre, Marraine se posait contre le poêle, assise sur un coussin à même le sol, chauffait des petits oreillers sur la paroi de fonte, les appuyant sur le bas de son ventre ! Mais quel curieux cérémonial que ne partageait jamais ma grand-mère !

Interloqué, et passablement inquiet par l'humeur altérée de Maria, j'interrogeais la gent féminine, puisque mon grand-père restait muet, comme souvent ! Mais les explications se faisaient très vagues : je comprendrais plus tard ! Perso, lorsque je souffrais des tuyauteries, la solution ne musardait jamais beaucoup. Pour Marraine, le mal était opiniâtre, et se représentait périodiquement.

Morphée.

L'hiver, nous mettions à chambrer des briques réfractaires dans le coffre inférieur de la cuisinière. Bien entendu, même placées dans nos lits une demi-heure avant de monter au futur endroit des fesses, la couche était loin d'être bassinée. Mais en repoussant le chauffe-pieds emballé dans un linge décati au fond du grabat, le sommeil nous gagnait rapidement sous les amoncellements de duvets bourrés à la laine de mouton.

Nous accédions à l'étage via un escalier très raide que ma grand-mère n'a jamais descendu en marche avant. Sur le palier, une grande horloge murale dépourvue de menuiserie laissant à nu l'intimité de la mécanique découpait le temps au rythme lent d'un long balancier sonore qui s'imposait dans les bruits de la nuit, communiquant une ambiance que certains auraient trouvée lugubre. Deux très beaux poids pourtant très communs attiraient mon attention et mes menus doigts, mais les découragements de mon grand-père annihilaient toute velléité de prise d'initiative.

Un petit couloir nanti d'une rambarde à fuseaux conduisait vers l'avant de la maison, notamment le nid virginal de jeune fille en tous points décorée de rose ayant accueilli en son temps Maria, et encore à la pièce plus conventionnelle que nos parents occupaient lorsque la famille se réunissait. Mais limités à quatre dormeurs, mes grands-parents reposaient dans une des chambres arrière, plus modestes, et peut-être moins froides. Marraine et moi couchions dans deux hauts lits anciens en chêne installés dans le local au grain qui avait changé de destination. En effet, cette pièce avait antérieurement servi à entreposer les sacs du froment produit sans doute par Arsène, voire par Hubert, nous ne savons.

Les nuits à Burdinne revêtaient régulièrement le linceul de l'épouvante !

À l'époque l'obscurité épaisse prenait toute la profondeur d'un monde englouti. On n'y voyait rien, la pollution lumineuse n'ayant pas encore gagné la campagne. Les yeux éteints ne discernaient plus aucun détail familier qui m'aurait rassuré, et les bruits des ténèbres se faisaient toujours plus présents ; les lentes ponctuations du balancier de l'horloge, le couinement des planchers se remettant du poids de notre passage, les petites pattes se pressant dans le grenier. Puis soudain, au milieu du concerto pour deux corps, les cris de mon grand-père une fois de plus poursuivi par des cerbères : « *Hop, Hop, Hop* ». Pourquoi « *hop* », allez savoir ! Mais ses cauchemars fréquents lui faisaient toujours le même effet, surtout quand ma grand-mère ronchonnant l'éveillait avec brusquerie. Peu à peu, le calme revenait, pulsé par l'horloge qui scandait le temps. Soudain une plainte apparaissait, d'abord légère, aiguë, puis se développant pour s'amplifier et vous jeter sous la protection des édredons ! C'était sans doute des jours malheureux qui torturaient Marraine.

Il valait décidément mieux prendre tout le monde de vitesse et s'endormir avant le spectacle sonore, souvent avec le programme répété, bien qu'il arrivât qu'un des acteurs défaille.

L'orage

Comme partout sur la planète, il arrivait, notamment durant l'été, que les cumulonimbus viennent nous saluer. La nature a cette capacité de pressentir la survenue de l'orage : la lumière change, se fait plus blafarde, le contraste des couleurs alerte le paysan, une omerta s'impose aux cris des oiseaux, puis un petit vent retourne les feuillages, les libérant de leur pudeur à montrer leur face claire, nervurée, et souvent duvetée. Dans l'azur, des champignons immenses se forment, menaçants, dont la base plate écrase de leur masse le paysage envahissant au plus haut le ciel toujours plus sombre.

Aux premiers signes avant-coureurs, mon grand-père prend l'affaire en main, réunit les « papiers » ; autant emporter l'assurance, le portefeuille d'actions et obligations, et autres documents qu'il ne faut pas voir réduits en cendre si la foudre venait à sévir. De nombreux exemples garnissaient les annales de leur cortège de drames, et l'imprévoyance coupable devait être anéantie ! Hubert, tout d'abord et avant tout, monte au premier étage afin d'interrompre l'alimentation électrique sur le tableau divisionnaire vétuste, manœuvre le coupe-circuit de mise à la terre de l'antenne filaire de la radio tendue entre deux piquets de fer au jardin, puis se campe à son poste d'observation ; les marches de notre devanture, porte ouverte pour déguerpir aisément si le feu s'invite, chronomètre dans la dextre, sa serviette de cuir vieilli par l'usage sous le bras gauche ; mesurant à chaque éclair le temps écoulé entre la foudre et le tonnerre, il suivait l'arrivée « *del nouleye* » ; était-elle blanche, les plus terribles selon Hubert, ou noire, plus communes ?

    Dans une lumière toujours plus affaiblie, Marraine et Nénenne s'installaient en prière auprès du cierge bénit à la Chandeleur et allumé avec le « rat de cave » obligatoire pour une sainte protection, récitant le chapelet devant une image édifiante, peut-être la Sainte Vierge, saint Donat, sainte Barbe d'Héliopolis ou encore Saint Expédit ; je ne la retrouve pas dans les fichiers de ma mémoire.

    Par bonheur nous avions des peupliers sur la partie haute de la prairie de l'autre côté de la chaussée qui avaient l'habitude de jouer les paratonnerres lorsque l'orage se faisait trop entreprenant.

Puis venait la pluie battante qui allait soulager la tension, chacun faisant le gros dos, attendant que la perturbation veuille bien s'évacuer vers de nouveaux villages où l'on invoquait sans doute déjà st Donat.

Notre grand potager assez pentu était en contre-haut de notre cour et du passage arrière. Malgré les lignes de semis et plantation perpendiculaires aux allées, si les précipitations insistaient un tant soit peu, les eaux entraînant de la boue et les cendrées des sentiers aménagés se déversaient en cascades sur les marches de l'escalier cimenté qui conduisait au jardin, prenaient le virage à nonante degrés et envahissaient la venelle pour se répandre dans l'espace latéral. Nous avions pourtant tenté de nous protéger de ces tsunamis bourbeux par un effort de collecte des torrents, mais les dispositions ne furent jamais efficaces.

Pour autant que l'orage ne « *tourne* » pas, et risque de vomir à nouveau sa mauvaise humeur et ses sanglots sur le village, la fin de la pluie battante signait souvent l'épuisement de Zeus. La famille sortait alors les brosses, les seaux, et Michel quand il fut assez grand pompait l'eau nécessaire au nettoyage des carrelages et pavés des cours.

Quelquefois, les tonitruances du ciel nous surprenaient par leur soudaineté et les timbales et percussions nous enveloppaient dans nos occupations sans préparation alors que le rituel d'accueil n'avait pas encore été entrepris !

Ainsi, alors que ma grand-mère et moi nous trouvions dans le lavoir et nous dirigions vers l'embrasure de l'unique issue donnant sur l'arrière-cour, la foudre s'abattit à proximité dans un hurlement fracassant. Simultanément, deux flammes surgirent des trous de la prise électrique en porcelaine blanche garnissant le montant gauche de la porte, faisant éclater l'accessoire, noirci sous l'impact. Michel terrassé se projeta au sol pour dénicher un refuge dérisoire entre les jambes gainées de deuil de Nénenne, et je jure n'avoir point été poussé à l'inconvenance de lever les yeux aux cieux !

D'autres phénomènes exceptionnels pouvaient jaillir et graver leur émergence dans les tablettes inaugurées quelques années plus tôt. Vers mes six ou sept ans, je remontais des Vallées aussi vite que mes petites gambettes pouvaient le supporter, incité par la peur reptilienne de ces masses sombres regroupées au-dessus de notre village. Déjà les nuées s'invectivaient de leur grosse voix roulant les « r », s'embrasant de scintillements menaçants dans une parade furieuse tels des fauves mâles s'intimidant sous les poussées hormonales de l'automne. Les traits zébrés et écartèlements des ciels enténébrés laissaient de temps à autre percevoir les dieux s'injuriant.

Passant devant la chapelle à la Sainte Vierge, puis de chez Gaston, il ne me restait plus grande distance à parcourir pour rentrer lorsque soudain, circulant lentement sur les câbles électriques, une boule lumineuse jaune intense surgit : je découvris une manifestation rarissime. Dans cette atmosphère dantesque, un phénomène de foudre globulaire ionisée apparut, d'un diamètre visible d'une quarantaine de centimètres, d'une température d'une dizaine de milliers de degrés que je ne mesurai pas, dégageant une forte odeur d'ozone bien connue accompagnant les orages violents. Elle se déplaçait paresseusement, erratique, sur le fil plus ou moins tendu entre les vieux poteaux de bois supportant l'éclairage public avare de lueur et mon imagination me dicta qu'elle calquait son allure sur mes pas hésitants. Je parvins au refuge précaire de notre demeure qu'elle aurait pu embraser.

Les années se sont accumulées entraînant bien des clichés du passé dans des geôles et culs-de-basse-fosse de mon histoire, mais cette rencontre angoissante d'une manifestation physique exceptionnelle tellement fortuite et extraordinaire est rangé dans un tiroir en acier inoxydable !

Quand l'orage survenait la nuit, Hubert faisait lever toute la maisonnée, répétant les dispositions et précautions habituelles. Imaginez, dans l'opacité noire comme seule la campagne savait l'installer, Marraine et ma grand-mère récitant dans un murmure continu les prières de protection à la lueur chevrotante de la bougie, la silhouette d'Hubert se dessinant à chaque éclair d'un ciel déchiré. Vous aviez le choix entre trembler, et vous rendormir sur votre siège ! Bien entendu, les boues répandues sur tout l'arrière de la maison attendraient le lendemain ; nous restions concentrés sur notre préservation, le grand-père surveillant la progression de l'agression, les femmes s'occupant de la partie mystique de l'événement.

Après avoir laissé au terrain le temps de se ressuyer, Parrain se munissait d'une griffe à fumier, d'un râteau et d'une pelle, et effaçait avec soin les blessures que l'eau ravinant avec violence avait creusées, déracinant les plantules des semis juvéniles, enterrant les feuilles de radis et des jeunes plants. Les sentiers eux-mêmes avaient souffert, les cendres emportées ou intimement mélangées à la glaise. Restait à éliminer la mixture à la pelle et à l'épandre au verger, puis à reprendre un bon volume des résidus que la cuisinière nous fournissait chaque jour.

On savait avoir peur dans ma famille entre les nuits hitchcockiennes et les périodes orageuses ; sans oublier qu'en ces circonstances, le travail ne manquait pas.

La lessive

Récolté en fin de semaine, le linge trempait durant le WE, puis, le lundi, ma grand-mère se mettait « à l'ouvrage ». Nous avions un tonneau de chêne refermé par un rabat fait de grosses planches épaisses blanchies par les savons, portant à l'extérieur un axe horizontal engrené sur un moyeu le transperçant muni de trois palettes de bois violonées.

À la base du cylindre, un trou de vidange avait été ménagé et obturé par un tourillon, un chiffon bleu à petits carreaux assurant l'étanchéité.

Un moteur électrique placé sur le bâti dans la partie inférieure entraînait un volant solidaire du pivot parallèle au couvercle via une vieille courroie qui avait parcouru bien des tours dans sa longue vie.

Le pulsateur tripale agitait le linge dans des senteurs profondes de savon de Marseille ajouté en copeaux dans des volutes de vapeur qui remplissaient l'étable aux vaches qui changeait l'espace d'un jour le parfum de son atmosphère. Mais quel travail ! Tout commençait par un peu de gymnastique : pomper dans le bac maçonné du lavoir dont l'émergence extérieure permettait de récolter le fruit des pluies qu'il fallait transporter. Sur un réchaud disposé sur le sol, les eaux étaient chauffées puis transférées dans le tonneau. Après l'ajout du savon, le linge détrempé devait être à son tour déversé dans l'appareil. Seulement alors, « *on tournait* » les vêtements !

Puis venait le rinçage après avoir tordu les différentes pièces, parfois à deux pour essorer les draps. L'apprêt original blanchissant les cotons blancs ayant abandonné son office découragé par les nombreuses années d'usage, Nénenne mélangeait du bleu de méthylène comme agent d'azurage, luttant contre le jaunissement inéluctable des pièces surannées.

Les eaux utilisées étaient éliminées par l'ouverture ménagée à la base du tonneau et s'écoulaient jusqu'au caniveau normalement destiné à récolter et conduire les déjections liquides des animaux par-dessous la chaussée vers le drain de dispersion aménagé par mon grand-père dans la pâture que nous louions de l'autre côté de la route.

Si le temps était propice, le linge devait aller au verger où des fils métalliques longeant la haie d'aubépines avaient été implantés à rue. Sans doute, les anciens avaient-ils conservé l'habitude d'arborer la richesse de la garde-robe, matérialisation de l'aisance du ménage !

Ma grand-mère s'occupa de la lessive dans cette installation au-delà de quatre-vingts ans, alors qu'une maladie évolutive avait dévasté le gris de la connaissance de mon grand-père qui s'enfonçait peu à peu dans l'errance et la déstructuration, avec des conséquences envahissantes sur ses vêtements. Marraine, en bonne fille, prenait soin d'Hubert qui exigeait une attention permanente, et Nénenne prenait en charge les repas, l'entretien du linge et la tenue générale de la maisonnée.

Avec le grand âge, elle aurait probablement apprécié le remplacement de sa machine d'un autre temps par un de nos lave-linge modernes avec lesquels un sélecteur et un bouton suffisent.

4. *Li vèye amon Arsène*[8]

Nos sources d'eau vive,

Notre route de Huy ne bénéficiait pas de la distribution, ce qui ne gênait pas nos vieux qui possédaient tous une citerne offerte à la sueur du ciel, et souvent, un forage vers la nappe phréatique en principe utilisable avec de généreux coups de pompe ; tous, nous pompions, si bien que lorsque la maison fut raccordée et les égouts installés, les branchements furent opérés nous libérant de l'immonde fosse d'aisances de la cour arrière, mais l'unique robinet d'eau potable ne fut implantée que dans la cave sur le mur de façade !

Mais que valait ce liquide traité ? La prudence voulait qu'aucun risque ne soit consenti ; la prise d'eau resta inexploité !

Et pourtant nous buvions !

Deux à trois fois par semaine, nous répétions une habitude qui devait être née avec l'émergence du village. L'un de nous prenait le chemin de la place, montait à mi-pente pour aller remplir à la fontaine trois ou quatre bouteilles au bouchon de porcelaine et joint de caoutchouc rouge que nous portions au guidon de notre vélo dans un sac de paille blanchie et éraillée.

---

[8] La vie chez Arsène

Cette source permanente située en contrebas de mon école à laquelle une venelle étroite aboutissait désaltérait tout le quartier. D'épais monolithes de calcaire bleu couvraient l'infrastructure, et au surgissement généreux de l'eau conduite par une grosse buse d'acier vieilli, deux bacs creusés dans du calcaire polis par l'usage et installés sans doute depuis des lustres conservaient un niveau constant d'eau où se gavaient les animaux amenés quotidiennement.

Nous nous retrouvions à la fontaine, rendez-vous des dernières nouvelles ou perfidies, et les enfants jouaient sur les pierres plates dominant les abreuvoirs, ou encore se battaient, ne craignant pas, surtout les jours de chaleur, d'en sortir mouillés.

Dans le bas de l'agglomération, aux Vallées, coule la Burdinale qui naît dans une zone marécageuse plantée de peupliers, et qui s'est ménagé un lit au creux des combes. Au

pied de l'adret de la colline remontant vers les Thiers, une résurgence avait été captée et un abreuvoir de calcaire installé ; mais la réputation de l'eau ruisselant en permanence avec courage restait très mauvaise, l'existence des prés régulièrement engraissés ayant été estimés coupables de contaminer le flot.

Mais nous dirigeant vers l'amont de la zone marécageuse à l'origine de la rivière par un étroit sentier, nous nous rendions souvent à la naissance du ru dans un creux du terrain. Curieusement, construit à proximité, un bel ouvrage tout en rondeur porte le nom de fontaine Sainte-Thérèse, bien qu'elle demeure toujours sèche !

Il est admis par la fame que la source Sainte-Thérèse ne s'est jamais laissée capter, préférant l'humilité d'un trou dans le sol ; à chaque tentative, le point d'eau s'était déplacé à côté du monument. Le lieu revêtait dès lors pour nous une dimension merveilleuse et la croyance populaire accordait certains crédits curatifs que la médecine n'a jamais avalisés.

L'entretien de la maison

Levée « *al copète dè djoû* », Marraine exploitait son lever à l'aube pour « *jeter un drap* ». Profitant que le rez-de-chaussée était entièrement carrelé, elle passait rapidement une serpillière, terminant par la devanture qui recevait un bain généreux tous les matins. Maria accordait une importance majeure aux ablutions aurorales signifiant que chez Mulquet le souci premier était la propreté, chaque chaland du petit jour pouvant le noter, chaque client de l'avant-midi s'en rendre compte.

Évidemment, en fin de semaine, c'était le nettoyage intégral avec force seaux d'eau, mousse, et brosses qui décapaient les sols des rares souillures ayant résisté au torchon du quotidien. Bien entendu, le travail se terminait par la devanture, avec ses deux larges marches en pierres bleues, son court passage garni de porphyre permettant l'accès aisé depuis la rue, et les deux aménagements dallés de briques rouge foncé autorisant l'entretien des grandes baies vitrées du frontispice et des parterres plantés de rosiers allant jusqu'au caniveau.

Dans la foulée, c'était aussi le jour des carreaux laissant entrer généreusement la lumière sur la façade avant, et des petites fenêtres du début du siècle du mur arrière.

La cour latérale attendait l'heure de la lessive, ma grand-mère récupérant une partie des eaux savonneuses pour brosser les gros pavés non jointoyés, arrondis par les ans et le déplacement des animaux qui n'hésitaient jamais à marquer de leurs productions personnelles leur déambulation.

L'aspirateur *Tornado* tonitruant passait sa profonde dépression sur la moquette de l'escalier et sur le grand tapis de la Belle Place, façon orientale aux larges motifs bleus sur un fond grenat. En un autre temps, des mains féminines avaient consacré d'interminables heures de soirée à accrocher des brins de laine décorant le canevas à l'ornementation géométrique de deux carpettes longues. Maria les installait sur les fils métalliques du verger, à chaque fois renettoyés si l'on voulait éviter les taches de rouille, et que mon grand-père avait aménagés entre des rails, SNCV oblige, repeints en noir et plantés le long de la haie. Étirées et maintenues par des pinces à linge, elles recevaient de généreuses gifles énergiques d'un tape-tapis de torture fait d'osier entrecroisé qui chassait la poussière incrustée.

En grandissant, ma marraine me confiait des missions contributives qui me seyaient : ainsi, j'ai toujours beaucoup aimé astiquer, particulièrement les objets de cuivre et de laiton. Aussi, chaque semaine, les ustensiles à récurer et briquer étaient rassemblés sur un journal déposé sur la table. On me préparait la pâte à polir, des chiffons et une protection pour mes vêtements, et je frottais jusqu'à faire blanchir le reflet du métal. Les plateaux de la vieille balance de Robertval arborée sur une longue étagère, qui voisinait avec le Christ janséniste monté sur une croix de bois noirci, flanqué de deux étuis d'obus de canon, témoin d'une guerre que seul un mort maladroit et myope avait faite. Tout ce qui ressemblait à une dinanderie y passait, y compris la clenche de la porte arrière.

Pourquoi trouvait-on dans les ménages autant de douilles de mortier, des balles et autres exterminateurs, allez comprendre ; mais faire garder Jésus crucifié par des instruments de torture, cela restait pour moi paradoxal.

Mes anglaises

Avez-vous déjà connu une honte qui vous envahit soudain, vague submergeant d'un relent délétère ? Petit, Maman m'avait laissé croître les cheveux que j'avais fortement bouclés, retombant en de longues anglaises dont j'avais horreur, et aller

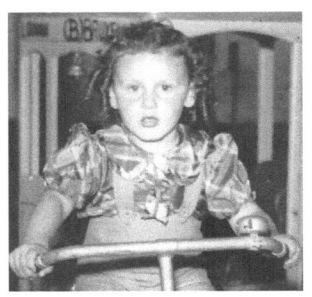

à l'école ainsi affublé comme une fille m'horripilait ; malheureusement ni ma marraine ni ma mère ne se décidaient à me les couper, me trouvant sans doute très mignon avec cette coiffure d'un autre temps qu'aucun de mes copains ne portait.

Je viens d'exhumer quelques clichés de l'époque, et j'atteste que l'androgynie de la mise a de quoi nourrir de profondes blessures de l'ego !

Un jour, rentrant de l'école, Maria m'agrippe et me change, remplaçant mes vêtements de travail par un petit ensemble salopette en velours côtelé gris vert dégageant une chemise blanche toute fraîchement sortie de l'armoire, évitant toute contamination alimentaire toujours possible. Ma tante avait pris rendez-vous avec une photographe passant par Burdinne ! Non seulement je devais porter ces tire-bouchons capillaires encadrant mes joues rebondies, mais nous allions en outre immortaliser ma honte. Installé sur un fauteuil haut recouvert de tapisserie côtelée rouge placé auprès du bahut breughélien, je posai de mauvaise grâce conformément à la composition imaginée par la nouvelle Niepce, appuyé sur l'accotoir dextre.

Après les prises de vue, je tournai évidemment autour de mon bras de droitier pour descendre du trône ; vous comprenez aisément que lorsque deux tissus côtelés se rencontrent, ils s'attachent avec beaucoup d'affection ! Et devant cette étrangère qui me paraissait déjà hostile pour m'avoir substitué le goûter par son talent, je fis une chute lamentable, blessant encore un peu plus mon image ! Et ce témoignage photographique encadré de chêne foncé a trôné toute mon enfance sur le secrétaire de mon grand-père, et même si, au cours des ans, les couleurs s'estompèrent, le cliché resta le cynique témoin opiniâtre de ma confusion.

Durant ma seconde année à Burdinne, la très prochaine rentrée à l'école primaire et le printemps aidant, Maman entendit enfin ma désolation et se décida au bout du compte à me libérer de ces ornements : je pris un aspect acceptable et beaucoup plus compatible avec le petit garçon que j'étais. Mais quand ma marraine me découvrit avec ma nouvelle coiffure, le drame éclata ! Qu'avait-on osé ?

Mais rien d'autre que respecter un gamin dorénavant semblable à ses copains.

Nos animaux

Mon grand-père avait acquis avant ma naissance deux vaches qui paissaient dès le printemps dans un grand pré situé face à la maison, de l'autre côté du chemin et *del vôye dè tram*. Elles rentraient le soir pour la traite dans l'étable qu'elles partageaient avec la brebis qui passait ses journées dans le verger que picoraient à longueur de journée une dizaine de poules. Elle aussi donnait du lait que ma grand-mère cuisait avec sa jolie peau frémissante qui surgissait à sa surface et que j'aimais déchirer à l'apparition des premiers frissons. Les mulsions quotidiennes étaient écrémées et le liquide dense baratté par les pales d'un vieux cylindre en bois disposées horizontalement sur un bâti ; le tonneau était alors entraîné dans sa rotation par une manivelle et de bons bras aguerris.

Le beurre ainsi que les œufs étaient placés dans la fraîcheur des caves et attendaient le passage à la fin de semaine du boulanger qui nous les rachetait.

Bien entendu, cela participait à l'autosuffisance du ménage qui comblait dans le potager l'essentiel de ses besoins en légumes, fruits et pommes de terre. Suivant la saison nous trouvions nos fraises, cerises, poires, prunes et pommes dont ma grand-mère tirait profit.

Présentes dans toutes les chambres non chauffées, au sol, sur les lits, des peaux de mouton assuraient un certain confort. Comme toute la famille, je bénéficiais de leur douceur, de leur contribution à la lutte contre le froid qui envahissait tout l'étage dès que le thermomètre nous rappelait l'imminence des nuits hivernales. Mais un jour, je compris que Bébette devrait nous laisser sa dépouille une fois l'âge arrivé, son lait tari, et le bouc dépourvu d'intérêt. Toutes ces robes garnissant le sol prirent dans ma petite tête l'aspect d'un cimetière !

    Je ne vous dirai rien des peaux d'agneau, si moelleuses, si confortables !

    Retrouver les jeunes moutons dans le verger me réjouissait, eux qui acceptaient plus ou moins volontiers mes jeux de poursuite. Ayant sans doute trop écouté de récits de rodéo cow-boy, je décidai de m'essayer à ce sport particulier. Nous possédions une cage faite de tubes d'acier sous-tendant du treillis à poule permettant de contenir les ébats d'une volaille nouvellement arrivée et que nous pouvions déplacer à loisir dans tout le pré. Je m'en servis pour gagner un peu de hauteur, et voyant passer Bébette, je sautai sur son dos, m'agrippant aux boucles de laine débordant de suint collant et malodorant, dans une corrida ovine de curieuse facture. Le chrono ne se montra pas très généreux, et mon expulsion ne tarda pas, et c'est dans les engrais naturels fraîchement disposés sur le sol que je m'affalai !

    Inconciliable avec le plaisir de se repaître de viande juvénile, d'en déguster les côtes tellement plus tendres que le mouton durci par les ans.

    Pour notre pourceau, l'histoire est tout autre !

Je répugnais à m'approcher de cette bête au caractère taciturne, aux odeurs corporelles insoutenables et vivant d'un brouet innommable servi dans un *crameux*. Tous les déchets alimentaires y passaient, le triage sélectif existant déjà à cette époque : une partie aux poules, une partie au porc, le surplus, dans le fumier. Tout ce qui pouvait brûler se retrouvait dans le verger dont quelques mètres carrés restaient dévolus à l'incinération, dans des fumées aux fragrances variées, mais rarement agréables.

Mais il est vrai qu'annuellement l'abattage du cochon nous pourvoyait en viandes diverses, intestins ou encore foie… Mais j'y reviendrai.

Enfin, il y avait la basse-cour formée d'une dizaine de poules rousses et d'un coq, très mâle dans la défense de son territoire au grand dam de nos jambes, entrant en discussion avec les autres volatiles crêtés de notre quartier. Ainsi, chaque jour durant la saison de ponte, nous *rascodions*[9] les œufs dans les casiers du nichoir, en écartant de notre récolte les leurres de plâtres censés les inciter à pondre.

Mais s'avançait l'inévitable heure où les chapelets producteurs venaient à se tarir, conduisant la pauvre directement dans la casserole. Encore fallait-il s'en saisir ce qui donnait des images inattendues de safari dans la cour latérale, la poule comprenant que sa stérilité allait servir des causes culinaires. Attrapé et porté par les pattes, l'animal battait des

---

[9] récoltions au pondoir

ailes jusqu'au billot sur lequel, telle Anne Boleyn, sa tête voyait depuis le sol son corps s'envoler, engraissant de son sang l'un ou l'autre mètre carré d'herbe. La volaille raccourcie ne s'échappait pas bien loin. Venait alors une cascade d'événements malodorants et peu ragoûtants passant par l'étape obligée de l'eau brûlante afin de plumer le martyre, puis son éviscération. S'ensuivait bientôt la cuisson dans un bouillon de légumes durant de longues heures qui ne parvenaient que difficilement à vaincre la dureté de la viande. Avec les déchets de la carcasse, c'était souvent l'occasion de préparer des bouchées à la reine qui achevaient de compliquer la digestion.

Découvrir ces aspects rudes de la vie champêtre telle qu'elle existait alors que je n'avais pas autant d'années qu'il y a de doigts dans une main semble inapproprié, mais tous mes petits copains vivaient cela sans que cela soulevât l'inquiétude des adultes.

Je prenais conscience petit à petit, sous le prisme campagnard, de l'origine des produits vendus par le boucher citadin de mon quartier, et cette réalité me secouait lors de chaque épisode, à chaque révélation, et l'abattage du porc n'allait pas arranger les choses !

Mon grand-père dirigeant des travaux répartis largement dans la province, il quittait souvent la maison aux aurores, voire dans la nuit pour ne rentrer que tardivement, si bien que ma grand-mère assurait seule l'entretien des animaux, les traites, beurre, repas, linge, sans aucune aide. C'était commun à toutes les fermières, mais mes grands-parents ne tenaient pas une exploitation et étaient donc dépourvus en personnel et en matériel !

Le Grand Pierre

À la manière des fermes de l'époque, mes grands-parents récupéraient la viande sur pied qu'ils avaient nourrie pendant des mois ; c'est à ce moment qu'intervenait le Grand Pierre. C'était un homme longiligne, portant une vieille casquette mise à la forme des bosses de son crâne, habillé d'une veste et d'un pantalon bleu de travail, incroyablement « *binamé*[10] », au sourire incompatible avec son activité d'exécuteur des hautes œuvres. Il arrivait armé d'un interminable poignard pointu et d'un maillet longuement emmanché à la manière du merlin de notre boucher liégeois.

Repoussé dans un coin de la cour arrière, j'observais les préparatifs qui allaient bon train ; des *crameux* bas de col en terre vernissée attendaient, des couteaux, le hachoir avec ses accessoires. Sur le béton, une bâche avait été disposée, et une espèce de décapeur thermique de peintre gisait au sol. Ma grand-mère avait lavé et découpé des légumes qui patientaient dans une passoire d'aluminium.

---

[10] gentil

Soudain retentissent des hurlements aigus évoquant plus les freins d'une guimbarde s'immobilisant face à un spectre que les grognements habituels de la pauvre bête. Un tintamarre mélange de cris et de rugissements de Pierre s'amplifiant jusqu'à faire poindre sortant du passage le long de la grange, Pierre tirant le porc avec une grosse corde, mon grand-père l'aidant de ses pieds assénés au cul de l'animal et de ses jurons polyglottes ; je découvris ainsi une partie du vocabulaire de Parrain dont j'ignorais la richesse, et qui pouvait s'étendre à toutes les régions de la Belgique.

Ma marraine m'expliqua que le cochon sait où il va lors de ce rituel, et que, probablement par atavisme, il appelle ses ancêtres qu'il va bientôt rejoindre ; incontestablement, l'animal dans sa porcherie vivait des jours quiets, mais mourrait assez tendu ; la viande serait peut-être un rien porteuse des stigmates de ses derniers instants !

Le pourceau maintenu par mon grand-père sur la bâche fortement maltraitée, Pierre leva le maillet au-dessus de sa casquette pour brusquement l'abattre sur la tête de la pauvre bête qui, sonnée, s'affala.

Rapidement ma grand-mère apporta les récipients bas de col alors que Pierre glissait avec adresse le couteau jusqu'aux jugulaires et carotides. Le sang coulait avec abondance en fontaine, au rythme du cœur, dans les *crameux* qui s'envolaient vers le lavoir où ils allaient attendre la suite des opérations qui devaient conduire à la confection du boudin noir.

Le liquide de vie s'arrêta ; notre cochon était mort.

Le corps couvert de soie brillait entre les macules, et Pierre munit du brûleur, passa la dépouille au feu de la flamme qui souleva cette odeur âcre de kératine carbonisée que vous connaissez bien si vous avez déjà approché d'un peu près un barbecue.

L'éviscération suivit, elle qui reste au-delà de la leçon d'anatomie pour laquelle j'étais légèrement trop jeune, resta un moment heurtant, surtout lorsque les intestins furent retirés et transmis à Nénenne qui, de ses doigts agiles, les vida de leurs matières puantes. Ces organes particulièrement dégoûtants furent rincés, retournés, immergés en attendant d'être grattés, puis laissés dans un seau d'eau, avant d'être enfilés sur un manchon d'un appareil qui avait connu jadis la galvanisation : le boudin serait cuit plus tard dans la journée.

Le sacrificateur était réputé pour sa capacité à mener toutes les opérations avec compétence, et tant le découpage que l'expulsion totale du sang subsistant dans les rôtis ou jambons étaient primordiaux pour la bonne conservation de la viande dans le vaste saloir que nous possédions à la cave.

Le reste du processus de boucherie se déroula sans que je fusse présent ; c'est moi qui risquais après ces images, ces cris, ces odeurs de vider mes propres tuyauteries.

Ce fut une des dernières victimes du Grand Pierre ; les automnes s'accumulant, il décida d'arrêter ses exploits. Pierre fut remplacé par un incapable qui nous fit perdre toutes les pièces de viande du saloir ; c'est nous qui abandonnâmes l'élevage de ce goinfre puant éliminateur des déchets alimentaires.

Malgré mon jeune âge, je reste imprégné de cet abattage à domicile et le film subsiste avec toute sa violence.

Notre voisinage

Notre rue était limitée par deux carrefours à quatre bras : à droite, assez proche de la maison, le croisement de chez Mathieu du prénom du patron du café qui dominait la chaussée et l'intersection de plusieurs rues. Son épouse, Henriette, tenait une petite épicerie aux richesses variées dans un appentis appuyé contre le débit de boissons toujours fortement fréquenté. Les consommateurs attablés à la grande fenêtre observaient tout ce qui descendait de la Grand-Place par la route asphaltée aux nombreuses coulures de goudron que la chaleur de l'été faisait fondre. Longeant chez Mathieu, un chemin plus étroit montait « *Aux Thiers* » au sommet duquel Marie, la sœur de ma grand-mère, vivait avec son brave mari, « *Mononcle Colas* », qui dans le partage entre les conjoints des sourires et de la bonne humeur avait tout gardé ! Tante Marie n'était pas une comique.

J'aimais beaucoup Nicolas traînant toujours un coin de ciel bleu sur son visage rubicond, même sous la pluie. Cantonnier de son état, il curait les fossés, comblait les nids-de-poule, propageait les nouvelles et m'emmenait souvent dans sa vieille brouette me ménageant une petite place au milieu des outils indispensables et taillant une bavette nourrie coutumière à notre « agent d'entretien de la voirie pour la fonction publique » ainsi que disent nos amis français ! Il n'y a que pour le creusement des fosses qu'il refusait de me prendre ; ce n'est pas fait pour les « *èfants* », mais les cendrées des allées du cimetière nécessitaient un temps considérable que j'aimais partager avec lui.

Nicolas et Marie accueillaient dans leur maison Hélène, leur fille, et Louis, son mari, délégué syndical métallo dans la sidérurgie liégeoise, au verbe haut et encombrant, à la parole très rouge avec un attrait pour la faucille, possesseur de solutions, même là où aucun problème n'émergeait, mais roulant en rutilante Mercedes ! Le paradoxe et l'antinomie ne le gênaient pas ; il avait expliqué à Papa que seule la première Mercedes coûtait un peu cher, mais après, son remplacement n'était pratiquement qu'un échange. Bien entendu, c'est toujours actuellement semblable et étendu aux Audi ou BMW. Chez mes parents, nous nous servions humblement des autobus pour nos déplacements, et notre première voiture ne véhicula le ménage qu'à la fin de mon adolescence.

Notre voisin immédiat était étrange, j'avoue même que ce fut une curiosité dans le village, et seuls des travaux de génétiques de la toute fin des années cinquante allaient expliquer cette bizarrerie de la nature.

Sa modeste maison était séparée de notre pignon droit par un accès à une cour arrière. Jules Frison avait épousé

Philomène, celle qui « *aimait la lune* » si nous nous en référons aux Grecs, et il fallait vraiment qu'elle précédât Amstrong et Aldrin tout au moins en pensée pour marier Jules Frison ; une douce vieille dame d'une gentillesse évangélique qui améliorait l'ordinaire en tenant une toute petite épicerie sous la surveillance dictatoriale de son conjoint. Lors de mes passages, elle volait subrepticement une friandise à sucer dans un grand bocal décorant le comptoir exigu et me la tendait avec un tendre clin d'œil, profitant de la distraction de son sicaire. Mais Jules Frison mérite un paragraphe que je mets en réserve ; je reviendrai sur ce phénomène !

À gauche de notre demeure et de ses étables, nous jouissions d'un beau verger qui accueillait Bébette, les poules, le linge à sécher, notre stock de bois de chêne acquis, peut-être même bien acheté, aux Vicinaux, mais encore le lieu d'incinération des déchets combustibles et, en saison, des repousses des haies d'aubépines.

Au-delà du pré vivait une vieille jeune fille émaciée, ancienne condisciple de Marraine prénommée Nelly. Elle occupait avec sa maman, Laure, une modeste maison construite sur un petit terrain totalement encombré des mille choses que les années de négligence avaient accumulées. Nelly parlait d'une voix criarde et délabrée par la surdité de sa mère, et les mots s'articulaient difficilement par cette bouche à la dentition erratique. Élève peu douée, elle s'échappait de sa classe lorsqu'elle percevait l'intention du maître de la solliciter ;

l'excuse naturelle servait fort souvent demandant à sortir pour se rendre « *au cabinet* » !

Les enfants sont moqueurs, voire franchement méchants, aussi ce patronyme lui fut-il asséné : elle devint *Nelly Cabinet* !

L'anecdote était connue de tous, et il n'était pas rare que deux générations plus tard, les marmots de mon âge, mes bons copains, lui hurlaient un sonore « Nelly cabinet », avant de fuir courageusement. Sans doute aurais-je porté de la voix avec mes compagnons si je n'avais reçu de strictes consignes ; on n'injurie pas Nelly, c'est une ancienne condisciple et une proche voisine ! Avec Balauche, la *Stasi* se révéla moins intransigeante.

Balauche

Je vous ai déjà parlé de notre voisin direct de droite, curiosité intrigante de notre quartier. Jules Frison ne manquait pas de côtés pittoresques au niveau desquels ses caractéristiques physiques coudoyaient l'anormalité.

Imaginez des jambes interminables surmontées d'un buste trop court, un peu curieux visuellement, sur lequel deux très longs bras étaient accrochés, le thorax couronné d'une tête glabre que le rasoir ne connaissait pas, surplombée d'un crâne cireux que les cheveux avaient déserté.

Le pauvre hère avait conservé de sa naïve adolescence une voix très haut perchée qui gravissait la gamme lorsqu'il s'énervait, se fâchait, gagnant des sommets d'aigus qui dissonaient avec son corps d'adulte.

Ce qui intriguait le plus dans cette carcasse discordante restait son thorax !

L'été battant son plein, les hommes profitèrent de la fin d'une chaude journée pour achever le bêchage du potager. Mon grand-père comme notre voisin travaillaient avec le comportement assuré des personnes qui répétaient ce rite depuis leurs jeunes années. Les habits gênaient, tenaient les corps en sueurs abondantes. Les gilets rejoignirent les vestes qui attendaient depuis le début d'après-midi. Puis vinrent sur le tas les chemises trempées. En sous-vêtements, l'opiniâtreté s'était substituée à la raison… et puis je découvris : Jules, en singlet, voyait ses gestes rythmés d'un mouvement pendulaire qui ne laissait aucun doute : Balauche avait de la poitrine !

Je saisis l'ostracisme dont il souffrait, probablement aussi l'origine d'un sale caractère qui se révéla peu à peu d'une violence surtout verbale, bien entendu dans le suraigu !

Comment une douce et gentille dame comme Philomène pouvait-elle partager sa vie ?

Dans sa jeunesse, Jules ne pouvant profiter des armes de séduction habituelles des mâles, et nous comprendrons pourquoi, se rendit dans un couvent accueillant de naïves filles sans famille pour rechercher une épouse. Il choisit sans doute avec discernement parmi les plus ingénues, mais efficacement formées aux tâches ménagères, sans que les questions du soutien de la perpétuation de l'espèce ne fussent abordées, éducation claustrale oblige.

Ainsi, Philomène devint Madame Frison, sans jamais connaître le moindre frisson. Jules était le sauveur d'une vie monacale qu'elle n'avait pas décidée, et si même l'homme ne présentait que peu d'attraits, elle valorisait ses frustrations en invoquant Saint-Paul « *pour la femme, le mari est la tête* »[11], évidemment, si on limite la lecture de la lettre aux Éphésiens, il est aisé de ne pas adhérer à ce verset hors contexte, aussi mettait-elle de côté des indulgences, s'épargnant à pleines brassées un purgatoire écourté.

La grande question qui animait jeunes et vieux demeurait : comment Balauche est-il nanti ? À la façon d'un adulte correctement constitué, ou comme un individu en devenir qu'il ne serait jamais ? Aller y jeter un œil ne tentait personne, solliciter un « *constateur* » patenté, la faculté l'interdisait, interroger l'ingénue, certainement pas ; elle ne pouvait révéler un secret qu'elle ignorait !

Une seule possibilité subsistait : effectuer la toilette du mort !

Un groupe de dames, dont ma tante, résolurent d'y aller voir au moment opportun ; mais il fallut de la patience, car cela se fit malheureusement attendre.

---

[11] *Eph* 5,21« *soyez soumis les uns aux autres* ; 22 *les femmes, à leur mari, … ; car, pour la femme, le mari est la tête* »

Philomène supportait l'ire de Jules pour tout et rien, et l'unique échappatoire, c'était le petit magasin qu'elle tenait dans la pièce avant de leur minuscule maison. Dans cet antre, il apparaissait souvent, mais pour surveiller, compter, vérifier, mais toujours assez silencieusement. J'entrais fréquemment, apportant ma bonne humeur à cette pauvre vieille dame qui m'offrait tous les sourires réprimés et une menue douceur volée à l'attention du mari renforçait notre cordiale complicité   Un jour, Balauche décida d'acquérir une bicyclette. Il se rendit au magasin, et essaya une machine standard ; le derrière posé sur la selle, les pédales ne lui réservaient pas assez de place que pour caser ses jambes interminables, et ses bras restaient obstinément pliés inconfortablement. Impossible d'avancer, ne fût-ce que d'un mètre ! C'est le forgeron qui dut intervenir pour scier le cadre et adapter la grandeur du vélo en ressoudant des allonges d'acier ! Jamais on ne volerait l'engin, c'était une certitude. Philomène nous raconta cette aventure en incriminant les fabricants de bicyclette, mais rien que de voir Jules enfourcher son acquisition en la couchant au sol, chacun en déduisait aisément l'origine du problème. Imaginez ma réaction face à ce tableau qui se répétait régulièrement, à notre peu charitable amusement, nous qui sur nos petites machines savions grimper comme les messieurs, en lançant notre jambe droite par-dessus la roue arrière !

Mais si l'homme ne savait parler aux femmes, il avait développé une autorité conjugale roide, et savait parler à son épouse !

Dieu devait avoir créé la femme que dans un seul but : servir l'homme, c'était évident, et lorsqu'il fallait remonter la modeste charrette tractée par leur cheval, il dételait, rentrait l'animal, appelait Philomène qui devait alors tirer sous les encouragements aigus l'humble véhicule par le passage latéral, Balauche se résolvant à pousser un rien pour aider son épouse !

La pouliche devait bientôt disparaître avant mes cinq ans, et ces images lamentables ne plus se renouveler.

Vivre dans un environnement aussi pastoral, surtout à l'époque, c'était inévitablement rencontrer des situations évocatrices, et les gens ne manquaient pas d'exprimer les ivresses naturelles. Dépourvu d'hormone adéquate, Jules avait réclamé auprès du médecin une suppléance médicamenteuse.

Les envies émergèrent, l'agressivité augmenta, mais l'équipement ne suivit pas !

Dans une vie, l'orage peut rapidement se former : une visite médicale révéla une grosseur au sein de Philomène. L'horreur de l'ombre hâve de l'Ankou s'abattait sur cette gentille voisine tellement complice de mes premières années.

Précautionneux, Jules s'enquit des perspectives sombres qui se précisaient, et il réagit : il sollicita une entrevue chez le notaire et prit ses dispositions afin de transmettre tous les biens du ménage au dernier vivant, et ce n'est évidemment pas une quelconque signature de Philomène qui devait le gêner.

Cela étant effectif… il décéda, sans préavis !

Philomène accusa le coup ; on ne découvre pas sa liberté sans vertige, mais il se peut que les regrets fussent compliqués à trouver.

Et finalement, le groupe de dames, ma foi assez nombreuses pour une simple toilette funéraire se retrouvèrent chez Frison et purent enfin constater : Balauche n'était doté que d'un matériel juvénile, ce qui expliqua beaucoup de choses !

La somme des anecdotes liées à ce personnage déborde des cartonnages de mes archives, mais s'étendre davantage serait lui réserver une place abusive !

La pauvre femme n'avait jamais profité d'une quelconque liberté, d'une gestion concrète ou de la rencontre obligée des obligations successorales. Heureusement, une parente la prit en charge et l'aida à rencontrer les ultimes années de son pèlerinage sur terre durant lequel, disposant d'un argent insoupçonné et épargné tout le long de leur vie commune, elle s'offrit un chemin perlé de petits et grands bonheurs.

C'est donc chez Dyna, épouse de notre cordonnier et cousine de Philomène, que j'allai lui rendre visite, notamment quand Marraine allait changer la Sainte Vierge, plus tard tout seul lorsque je gagnai en maîtrise sur mon vélo et partant, en indépendance.

Il est vrai que ces explorations intimes rapportées ne relèvent pas de constatations personnelles auxquelles je n'avais pas accès, mais je conserve parfaitement les conversations qui roulèrent à la maison, et un magasin de modiste constitue une belle caisse de résonance !

Maintenant pourquoi était-il nanti d'une anatomie tellement aberrante ?

Il fallut attendre l'année 57 pour que l'on objective un syndrome décrit depuis 42 : Jules présentait un chromosome X en trop, et ce syndrome de Klinefelter conduit souvent à ce tableau péjoratif qui l'affectait, tout en étant que son caractère ne dépendît nullement de la génétique !

Quant à l'origine de son surnom, personne n'a pu m'éclairer. Il pourrait constituer une allusion vulgaire peu fondée, étant acquise la limitation du « matériel » sinon par dérision, ou encore signifier « mener une vie dissipée », « paresser », ou « s'occuper d'affaires véreuses », mais une autre acception évoquerait « se balancer », certainement justifiée, bien que grossière si nous parlons de la poitrine d'une dame ! Autant de sens du verbe « *balocher* » illustrés dans des textes du XIXe qui auraient pu inspirer les intellectuels.

Le pharmacien Paillet

Pratiquement dans le carrefour, au pied de la rue remontant vers la fontaine et la Place, nous avions la chance que le Pharmacien Paillet poursuive son activité alors que l'âge avait depuis longtemps ridé sa peau et clairsemé ses cheveux. On accédait à l'officine en passant par un minuscule hall, et, à gauche, derrière une porte autrefois blanchie, le vieil homme tel un alchimiste s'adonnait aux préparations magistrales débordant de perles, gélules, sirops et mystérieuses potions, une sempiternelle cigarette aux lèvres perdant ses cendres sur le comptoir, directement écartées d'un revers de la main. Avez-vous déjà vu concocter des suppositoires ? Je les ai découverts, je les ai sentis élaborés par escouade de dix ou vingt, je ne sais plus, avec ce curieux moule mobile requérant des gestes soigneux qui détonnaient avec le lieu de destination des petits obus.

À l'époque, M.Paillet traduisait les ordonnances au fur et à mesure, protégé par son étal en chêne moyen disposé en « L » supportant moult armoires vitrées ne s'abaissant qu'à l'endroit où il recevait les documents. Je suivais ses allées et venues à travers les glaces, me dressant sur la banquette où nous attendions avec les autres malades qui profitaient du délai pour deviser et propager les dernières nouvelles, bien sûr à propos de leur santé, noblesse oblige, mais encore relatives au village où souvent il ne se passait pas grand-chose, mais qui suscitait tant de commentaires. Les deux bancs perpendiculaires appuyés sur deux murs restaient propices aux échanges et les conversations qui allaient bon train.

Rendre visite au pharmacien Paillet, c'était en-soi une activité qui pouvait se révéler très longue, mais tellement singulière, riche en chironomies mystérieuses, d'odeurs particulières faites d'embrocation, d'exhalaisons diverses, de beurre de cacao refroidi, renforcées de ces senteurs inimitables liées à l'été où le Rexona n'avait pas droit de cité, ou des vêtements humides rappelant la ferme à l'entre-saison.

Malheureusement, l'officine disparut durant mes années scolaires burdinnoise, sans doute avec l'homme de l'art lui-même, mais je garde des images qui appartiennent à un passé totalement révolu, même à la campagne.

l'hiver 53 - 54

Ce fut un hiver très rude, mais pour un garçonnet, tellement beau ! Tout était revêtu de blanc, toutes les chaussées étaient bloquées par une couche plus ou moins continue de glace, avec des pistes extraordinaires de *scloion,* ces petits traîneaux courts et à deux étages, entraînés par deux clous enfoncés dans un manche sommaire, et tractable par une corde. De rares chariots circulaient, mais les chevaux n'appréciaient pas trop ces conditions, et comme le village ne comptait que très peu de voitures, excepté celle, assez sportive, du médecin et celle du comte de Lamontzée, d'allure plus noble et cossue. Dès lors, l'encombrement des routes ne posait guère de problèmes, sinon pour les piétons.

L'école conservait toute son importance dans nos petites vies, et nous y rendre, ou en revenir, s'apparentait à une aventure tellement plaisante, au milieu des boules de neige, des glissades plus ou moins heureuses. Le grand poêle débordait de chaleur dans notre classe lumineuse, happant la clarté vive propagée par les larges fenêtres, et la récréation nous rougissait les joues, et le derrière à force de le solliciter !

Un jour, rentrant en fin d'après-midi, ma marraine m'interpelle : mais où donc se trouvait ma belle et épaisse écharpe jaune à grosses côtes ? Je me rappelle sa colère lorsque je lui annonçai que je l'avais cachée dans un tas de neige, mais que je ne savais où !

Suivent quelques imprécations doublées d'incantations, de menaces qui ne seraient jamais tenues, et puis commencent les fouilles, d'abord rapprochées, puis nous éloignant de la maison. Arrivant des vallées sur une Vespa, en équilibre que l'état de la route rendait précaire, Monsieur le Curé roulant prudemment s'arrête et interroge ma tante. Eh oui, Michel avait égaré son écharpe. Monsieur l'abbé Piedboeuf propose alors de me prendre en charge sur sa monture, fixant pour toujours une expérience mémorable, ma seule et unique tentative de déplacement sur une motocyclette.

Nous refîmes vainement tout le chemin jusqu'à l'école, et c'est sous le tas de neige situé sur le parterre devant la maison que je la retrouvai, avec tous les compliments acerbes de ma marraine.

Burdinne s'était transformé en station de sport d'hiver, dépourvu de tire-fesses sans doute, mais avec des possibilités inépuisables de pistes de glisse qui n'arrangeaient pas les adultes, mais qui charmaient les enfants. Ainsi, la descente des

Thiers, parfaite ligne droite fort escarpée, fédérait une cohorte de gosses à cinq minutes de chez nous, exutoire rapproché de la maison purgeant l'essentiel de mon énergie.

Riche du *scloion* familial qui avait dû distraire mon père dans sa prime jeunesse, je rejoignais les copains au haut des Thiers. Nous attachions nos traîneaux à la queue leu leu, les meilleurs glisseurs devant pour conduire le train, les moins adroits auxquels j'appartenais formant la queue qui fouettait la route d'un fossé à l'autre. Prenant de la vitesse, nous déboulions au pied de la côte, puis recoupant soudain la chaussée perpendiculaire, c'est la haie de Madame Nitko qui s'offrait à la « *quewée* » pour entraver sa marche, à la grande désolation de la propriétaire qui nous invectivait de qualificatifs peu honorables, hurlant son désespoir face au martyre de ses troènes, complétant notre plaisir d'une dimension plaisante qui attisait notre bonne humeur !

Je n'étais pas un champion de la glisse, mais quelle belle et agréable page de mon enfance !

Le médecin

Habitant à la sortie du village dans une maison de caractère entourée d'un jardin opulent, le Docteur Pullman arborait toujours une allure dynamique et décontractée, se déplaçant en voiture de sport tout aussi fringante. Le futur colonel de réserve qu'il serait quinze ans plus tard lui imprimait une fermeté qui impressionnait malgré sa petite taille. Le cheveu châtain clair maîtrisé par l'une ou l'autre de ces brillantines qui avaient cours à l'époque, une raie au-dessus de l'œil gauche indiquait à chaque poil le rang qu'il devait occuper dans l'ordonnancement de la coiffure.

C'était un homme tout-terrain, accouchant ici, réduisant une fracture là-bas, où ses doigts remplaçaient les Rx, les attelles faisant office de plâtre. Cette polyvalence rendait le praticien prestigieux, et le Dr Pullman jouissait d'une belle réputation.

Attendre Monsieur le Docteur, c'était se préparer à un rituel précis. Ma grand-mère guettait son arrivée telle une vigie surveillant le surgissement de la terre depuis la large fenêtre de la grande place où, sur le bahut de chêne, Marraine avait apprêté une serviette correctement repliée, une aiguière et un vaste bassin en porcelaine déposé sur une protection de coton blanc, flanqué du savon Palmolive à la rose de Damas strictement réservé au scientifique. Soudain, la voiture basse, rouge et racée s'arrêtait devant le banc de la vesprée. L'homme svelte, à l'allure toujours jeune et dynamique, même quand vint l'âge des rides, s'extrayait de l'engin récupérateur de trou aux roues clinquant de tous ses rayons chromés. Chacun revêtait son rôle, Marraine accueillant le praticien sur le parvis, les malades se tenant debout en attente au milieu de la belle pièce, et Michel s'effaçant dans son petit coin dans le divan.

Après les salutations d'usage, le français restait à l'honneur et le wallon remisé pour une demi-heure. Commençaient ensuite les gestes de l'office laïc qui s'opérait devant moi : la mystérieuse prise de tension sanctionnée par des valeurs en millimètres que, par bonheur, le médecin commentait, un peu comme le résultat d'une interrogation est rendu aux grimauds.

Arrivait alors dans un silence sépulcral l'écoute des différentes tuyauteries et de l'asthme de vieux qui sifflotait par moments, et en dernier, complétant l'examen, l'imposition des mains à la recherche d'anomalies viscérales après avoir heurté les poitrines de deux doigts en marteaux sur deux phalanges posés sur le buste. Les yeux mis clos rouvraient enfin leur fenêtre pour s'attacher aux blancs du regard. Heureusement, la situation n'avait pas évolué, et les prescriptions resteraient les mêmes.

Assis dans le fauteuil choisi par le photographe, l'homme de l'art rédigeait les documents nécessaires, marquant de sa griffe son incontestable analyse. Puis venait le *lavabo* de la célébration, terminant la cérémonie après avoir perçu le fruit trébuchant de son travail.

Lorsque l'état de mon grand-père dégénéra lentement, les apparitions de la Faculté se firent plus fréquentes et le rite fut simplifié pour ne conserver que l'essentiel : le lavabo, un coup d'œil, et la collecte !

Après son départ, Marraine remisait le matériel : la serviette envoyée au linge sale, le savon disposé à sécher pour un usage ultérieur strictement réservé au grand prêtre, l'eau souillée éliminée et le bassin vidé. En quelque sorte, on effaçait son passage, et une visite chez Paillet convertirait les écrits en petites boîtes et flacons.

Madame Nitko[12]

Voisine du pharmacien Paillet, Madame Nitko était une figure importante de notre quartier. Elle avait deux garçons qui avaient déjà quitté le nid alors que débutait mon exploration du village, d'abord avec assistance, puis seul alors que je grandissais. Elle présentait une caractéristique marquante pour le petit citadin que j'étais ; elle s'exprimait volontiers en français. Je lui rendais souvent visite malgré qu'elle ne m'aimât pas ! Elle le répétait avec un indéniable contentement, un sourire bouche fermée et un hochement de la tête soulignant une certaine répugnance ! « *Quand Michel sourit, on ne sait pas de qui il se moque* » ! Et comme je souriais beaucoup, riais, explosais, et ce depuis longtemps, si nous pouvons dire cela d'un petit enfant… Mon comportement devait l'excéder, mais elle me recevait, me proposait un verre d'eau, voire un biscuit. Elle devait aimer détester !

---

[12] *Nom d'emprunt*

Mais pourquoi donc mes pas me conduisaient-ils chez elle ? L'attrait de pouvoir m'exprimer en français ? Je ne pense pas, Marraine ne me parlant que dans la langue de mes parents. Chercher à me valoriser pour enfin être apprécié ? Je ne crois pas trop à cette psychologie de comptoir.

Allez savoir.

Elle véhiculait une réputation peu flatteuse, colportant des nouvelles très rarement en faveur des acteurs impliqués, mais nous la recevions tous les jours à la maison. Il se racontait qu'elle avait été institutrice, mais sans que l'on puisse définir les établissements supérieurs pédagogiques fréquentés, et ses diplômes devaient être cachés dans le *cloud* !

Mais je dois à la vérité la découverte récente d'un antique document photographique de la fin de la Grande Guerre qui pourrait la montrer accompagnant une riche moisson de petits enfants entourant le frère aîné de Papa qui devait décéder en mille neuf cent vingt. Une belle cohorte de galurins qui réjouirait les trop modestes écoles de village actuelles.

Mais gommer les outrages du temps pour retrouver l'aspect révélé sur cette photo aux noirs évanescents reste un exercice audacieux et la certitude demeure aventurée ! Sans doute cela justifiait-il son habitude de s'exprimer en langue de Molière, parsemé, il est vrai d'idiomes wallons. Mais elle présentait un intérêt majeur ; elle savait procéder aux injections intramusculaires, et nos vieux en avaient fréquemment besoin.

Au fur et à mesure du temps, mon grand-père quittait la réalité pour sombrer dans cette dégénérescence que malheureusement ma marraine devait elle aussi connaître après la mort de ses parents, avec la forte dépendance que cet état allait exiger. Cette évolution lente allait progressivement modifier notre façon de vivre au-delà des années cinquante alors que mon adolescence allait s'épanouir avec bien des heurts que je vous raconterai peut-être un jour, si cela soulève votre intérêt !

5. *La vie sociétale*

L'aspect clanique du village

Comme sans doute dans de nombreuses collectivités, le village se structurait en pôles regroupant les habitants. Probablement la zone géographique du lieu de résidence dans la localité cristallisait-elle certains paysans puisque partageant des intérêts aréaux, mais l'organisation des tâches des champs jouait un rôle évident par l'échange de main-d'œuvre en ces temps où la mécanisation restait très faible. Ainsi les travaux exigeaient-ils une large contribution des bras amis et la réciprocité de l'aide et de matériel demeurait péremptoire, assurant une relative cohésion qui pouvait cependant se révéler labile. Et puis il y avait les compétences particulières qui introduisaient certains individus dans un clan donné, par exemple le nôtre, et Madame Nitko en était.

De même, nous entretenions des relations suivies avec Victor Verlaine, dit le Baron, qui habitait avec son épouse Fina aux Vallées. Le Baron louait des terres qu'il exploitait avec de petits moyens comme beaucoup de modestes cultivateurs aux finances limitées. J'aimais ce personnage haut en couleur au vélomoteur Flandria carrossé se déplaçant à dix kilomètres à l'heure, une grosse pelisse non tissée de couleur cendrée sur ses vêtements de travail, la casquette marquée par l'usage fichée sur sa tête aux rares cheveux grisonnants. Il était affecté d'un asthme encombrant, mais qui n'entravait nullement les volutes d'une cigarette confectionnée de ses doigts tortueux. Non seulement il possédait char, herse, et autre matériel à traction animale, mais encore deux chevaux et une paire d'énormes bœufs français dont le dos n'était pas loin de nettoyer le plafond de leur étable. Hubert avait passé un accord avec lui afin de pouvoir réserver une surface nécessaire à la plantation de nos pommes de terre, et en échange, Marraine prêtait son concours pour les moissons estivales.

De même, un de nos voisins, Octave, qui avait racheté la maison de Balauche, suppléait aux défaillances de mon Parrain de moins en moins capable de bricoler. Je pourrais également citer Marthe, une des cousines germaines de mon père dont les qualités physiques ont joué un rôle tellement important lorsque Hubert était couché ; elle se plaçait derrière lui, debout dans le lit, l'attrapait sous les aisselles et le soulevait sans peine malgré l'opulence de sa constitution, habituée en bonne fille de boulanger, à manipuler les sacs de farine !

Tout ce petit monde intervenait couramment à la maison, et il convenait d'entretenir des liens solides si nous voulions encore profiter de leurs précieuses compétences. Bien entendu les conversations roulaient allègrement et inévitablement s'arrêtaient sur les événements et leur origine qui se passaient dans la communauté. Vous imaginez aisément les dérives ; cela jacassait ferme et pas toujours tendrement.

Mais échanger des avis communs, fussent-ils spécieux, établissait une relative intelligence, bien qu'éventuellement très fragile, et des études récentes mettent en relief leur empreinte[13].

Il existait une certaine dynamique d'échange entre les clans, ne sommes-nous pas tous chrétiens, et le boulanger, le postier y participaient, mais les transfuges n'étaient pas rares, colportant un peu plus les clabauderies.

Maman au début de son mariage avait habité Burdinne. Non intégrée, repoussée, cette *« mâssît Lidjoisse[14] »*, dixit ma grand-mère, en avait considérablement souffert, et revenir vers Liège à la fin de la guerre avait été un immense soulagement.

Grandissant et prenant conscience de cette ambiance poivrée permanente, je me tenais à la frange éloignée, voyant qui je voulais, y compris des parents oubliés qui avaient été bannis de l'arbre généalogique pour d'obscures raisons dont je n'avais cure. Devenu adolescent, mon attitude fut de moins en moins acceptée et je me retrouvai maintenu poliment à l'écart, alors que notre frère aîné restait très engrené dans ces

---

[13] *Gossip drives vicarious learning and facilitates social connection, Jolly & Chang, 2021, Current Biology 31, 2539–2549*

[14] sale Liégeoise

mécanismes claniques. Ces choix monospécifiques se révélaient coutumiers dans nos chères campagnes.

Je possède tellement de beaux tableaux de cette région décorant ma galerie du passé, de cette époque maintenant lointaine et d'un autre temps, mais cet aspect de la vie du village qui semblait persister au début des années deux mille m'a toujours révulsé, et jamais je n'aurais voulu m'installer dans nos murs d'origine.

Les moissons

La proximité de la guerre qui avait appauvri les modestes cultivateurs possédant des surfaces restreintes à exploiter rendait les investissements très limités. Mais pour le petit bonhomme que j'étais, la traction animale, le plus souvent par les énormes chevaux hesbignons, des chariots de vieilles planches ayant connu en d'autres temps la peinture, aux roues rayonnées de bois et cintres de fer crachant des étincelles fugaces sous les silex, et ces freins de chêne gainés de cuir appliqués sur les cerclages et manœuvrés depuis la manivelle d'acier placée à l'arrière, tout cela me séduisait. Et les moissons de l'été, quels souvenirs !

L'environnement paysager différait de l'image monotone que nous pouvons découvrir de nos jours. Les champs clos par des délimitations vivantes abritaient toute une faune qui animait de leurs pépiements et cris les promenades riches d'une symphonie de sons, d'odeurs changeant avec le moment de la journée, de vents vibrant sous le soleil ou au contraire hurlants, capables de déchirer les membrures des arbres. Au creux de l'été, les céréales jaunissaient jusqu'à blanchir, révélant la période requise pour procéder à la récolte. Les coquelicots et les bleuets, à l'époque très communs, émaillaient l'or des froments et avoines aux soyeuses panicules retombantes, formant un tableau qui aurait pu inspirer le talent d'artistes impressionnistes. Le souffle du vent animait les chaumes de jolies vagues qui occupaient autant d'espace que la nécessité de nourrir les chevaux exigeait, alors qu'actuellement, les tracteurs ne présentent pas cette obligation, déshéritant le paysage de ces velours dorés de ces blés au chaume devenu lilliputien. Les herbicides ont eu raison des touches rouges ou bleues, et les oiseaux se sont tus.

Petite botte de quatre ans, j'assistai à *l'aous »*[15]. Le cortège des participants s'était constitué au petit matin devant chez le Baron. On prépara la moissonneuse-lieuse dont le bras de coupe disposé à droite de l'engin était dressé verticalement afin de permettre le déplacement, puis les animaux furent attelés avec force d'encouragements et d'ordres aussi brefs qu'efficaces dans une langue monosyllabique gutturale.

La machine était pourvue d'un siège très « anatomique » en métal percé de trous, sans doute pour aérer le séant. En

---

[15] la moisson

principe, l'usage voulait qu'un aide s'y installe afin de surveiller les mouvements de cisaillement. En vue de préserver mes petites fesses de quatre ans, Marraine m'avait installé un menu coussin qui s'efforça de m'épargner les trépidations des roues d'acier sur le sol. Mais la lanière élastique retirée du porte-bagages du vélo destiné au maintien de mon amortisseur me marqua le postérieur et les cuisses. Quand tout fut prêt, le train s'ébranla, et nous gagnâmes le champ à traiter.

Victor s'était armé d'une faux, et le premier travail qu'il entreprit s'attacha à la réalisation *di l'vôye*[16] nécessaire au passage de l'engin. Derrière lui, des femmes lièrent les gerbes qui bientôt allaient former le premier dizeau érigé à partir de neuf gerbes réparties en cercle, une dixième couvrant l'édifice pour écarter la pluie.

Le chemin créé et dégagé des plantes sciées, était alors embouqué par l'attelage qui en progressant chassait les rongeurs et cisaillait à leur base les longues éteules des blés couchés par un dispositif fait de planches tournant vers l'avant tel un moulin aux larges bras, et conduisant le froment ou l'avoine vers les couteaux de coupe : dans un bruit de vieille machine à coudre les céréales liées en javelles s'effondraient au sol. Les aidants suivaient la moissonneuse, ramassant dans la foulée les gerbes qui seraient bientôt regroupées en dizeaux.

---

[16] de la voie

Il fallait que le soleil reste bon compagnon au moins une semaine durant afin de pouvoir battre la récolte et collecter enfin le fruit de tant de mois passés à travailler au champ. Une poussière, un rien envahissante et des parfums actuellement disparus s'élevaient dans un bruit mécanique au rythme lent des animaux. Rien à voir avec les moissonneuses-batteuses soulevant des tornades de nuages tournoyant dans une ambiance assourdissante et du cirque d'énormes tracteurs et autres engins dont la noria plombe les terres.

Le repas de midi rassemblait toute l'équipe sur les moignons de chaumes, les moins téméraires à l'ombre des dizeaux. Les tartines sortaient des besaces, et comme les adultes je pouvais me désaltérer de l'infusion de traces de café et de plusieurs cuillerées de chicorée que ma grand-mère avait préparée avant notre départ et versée dans un bidon d'aluminium bouché du dispositif habituel à cette époque ; un bouchon de porcelaine, une rondelle de caoutchouc assurant l'étanchéité, maintenus par un jeu de fils épais d'acier galvanisé. La saveur particulière m'est restée dans la bouche et à l'évocation de ce souvenir, resurgit la satisfaction de partager le nectar, mais encore ma répulsion pour ce genre de breuvage sans doute excellent pour la tension, mais dont le mélange de sapidité du caramel et d'aluminium me répugne.

Les commentaires roulaient tant sur l'avancée du travail, les fantaisies du climat, que sur la comparaison avec la moisson des autres exploitations. Comme toujours, les inévitables ragots qui fleurissent inéluctablement allaient bon train ; les moribonds, un rien de politique, les incidents sociétaux, le curé, les tartufes…

Puis venaient la reprise et mon installation sur mon siège, et alourdis par le repas sous un soleil qui refusait de se faire oublier, les ouvriers retrouvaient le rythme dont le métronome était guidé par le martèlement des animaux.

Enfin, le rougeoiement du ciel vespéral tirait lentement sa révérence, reconduisant tout l'équipage à la maison, chacun saluant le Baron et les collègues tout en se donnant rendez-vous pour une nouvelle séance de sollicitations exigeantes.

Plus tard, après le séchage des dizeaux, arriverait le battage avec sa récolte du fruit de tant de journées fondues dans le creuset du devoir. La paille amassée devrait alors former d'énormes meules que le soleil finirait de déshydrater.

Et puis seulement, des chariots débordants à en disparaître sous la charge ramèneraient les feurres à la grange. S'ils venaient à s'embourber, les bœufs français de Victor prenaient la relève des chevaux afin, de leur masse imposante proche de la tonne, d'extirper lentement le charroi enlisé.

Le travail se révélait pénible en chacun des muscles, et la moisson restait une période exigeante, mais pour le petit bonhomme, tellement attirante et romantique, et je me réjouis d'avoir connu ce temps évanoui depuis la fin des années cinquante.

La fête à Burdinne

Cette vie sollicitante trouvait heureusement des pauses bien nécessaires et la fête du village en était une d'importance réunissant les familles souvent dispersées bien au-delà de Burdinne. Je n'ai pas souvenance des sorties de la fanfare à laquelle Papa avait appartenu, défendant le pupitre des bugles dont la douceur du son était tellement agressée par mon Père que lors des prestations, notre pauvre Jules devait conserver l'embouchure obturée !

Par contre, les carrousels, le tir aux pipes, occupent toute leur place dans les grimoires de ma mémoire. Chaque année, un manège promenait les enfants dans des pérégrinations circulaires, assis sur un siège fruste pendant à des chaînes s'écartant dans l'espace et fendant le vent qui agitait les cheveux et caressait les jambes. Chaque année nous rapportait le plaisir de son installation en face de notre maison : nous lui fournissions du courant, et en échange, je pouvais m'envoler à loisir pour autant qu'il subsistât un aéronef imaginaire disponible.

Vers mes sept ou huit ans, je pus commencer à accompagner les hommes vers la Grand-Place : le tir nous attendait, sans doute avec frisson de voir débarquer John Wayne, se munir de son arme, et éliminer un à un les bouchons cylindriques tournant dans un jet d'eau vertical. Papa et mes aînés déchiquetaient du carton avec tant d'adresse que le copain de notre père qui tenait le stand leur disposait des bois d'allumette avec mission de moucher le soufre de l'extrémité ! Évidemment, cela lui coûtait nettement moins cher que le massacre des pipes ou la découpe en pointillé des cibles.

La fête du village, c'était aussi le rapatriement des familles éparpillées dans le pays vers leur source, leur origine, et l'occasion était belle de retrouver nos parents éloignés, même ceux qui n'avaient plus trop le droit de s'asseoir à la table, nos oncles ou cousins du dix-huitième degré, mais encore de trouver de futurs sujets de conversation, voire de médisance !

Le menu était toujours généreux, et tenait largement d'un marathon gastronomique ! Une réelle débauche de plats où la *trip' al djote*[17] disputait la place au bouillon, bouchée à la reine, rosbif, ou gâteau à la crème au beurre et moka cimentant les biscuits à la cuillère pour dépasser la limite du volume gastrique acceptable. Chacun se tassant sur sa chaise, le café chaud, mais nécessairement dilué pour calmer la tension, assurait le

---

[17] boudin au choux

dégraissage des tuyauteries. Les hommes choisissant les voies chimiques de solubilisation des lipides s'aidaient d'un Armagnac, alors que les dames recouraient plutôt à une liqueur, voire un verjus.

Il fallait faire descendre sans tarder, puisqu'au milieu de l'après-midi, les tartes allaient envahir la table. Cuites la veille chez Tante Fine jusqu'à ce que Mononcle Léon ne réapparaisse dans sa vie, au sein du four de boulanger qui dormait depuis que l'oncle Joseph avait pris sa pension et que nous sortions de sa torpeur, les senteurs de riz, de fruits du verger, des corins de prunes se disputaient l'éther.

Pour les grandes occasions, Marraine et moi grimpions sur la Place avec les tartes à cuire disposées dans un support métallique déployé, maintenues par des draps de coton emballant l'ensemble, et dont la poignée était disposée dans une des branches du guidon de son vélo. Tante Fine et son mari Joseph avaient dans le temps installé l'atelier de boulangerie qui avait fait vivre leur famille et de cette activité, ils avaient conservé le four que les fêtes rallumaient. Pendant la cuisson, les conversations bruissaient, les rires fusaient éteignant l'amertume des nouvelles désagréables qui ne manquaient pas le rendez-vous.

Joséphine était la sœur de mon grand-père, et bien sûr aussi vieille que lui, arborant des lunettes à grosse monture sombre, nantie de sacrés poils hérissant le menton qui laissaient la marque de leur passage. Bien que menue, ou ayant raccourci, allez savoir, les poings appuyés sur les hanches, elle affichait volontiers un sourire accueillant ce qui contrastait un peu avec son frère. Le boulanger, était non moins cordial que sa femme, tout *binamé* ainsi que nous disons à Liège, et n'hésitait pas à conseiller les apprentis. Dans le vestibule de leur maison, posé sur le petit morceau de mur de façade à côté de la porte d'entrée, une caisse claire rangée sur champ attendait de recevoir ses baguettes et se désolait de sa désaffection. J'aurais tant aimé percuter, rouler… mais l'objet était tabou, et je n'ai jamais eu le plaisir d'en écouter le timbre vibrer.

Lors de la cuisson, Tante Fine ou Marraine, je ne sais, me préparait une modeste boule de pâte qui donnait naissance à un petit pain croustillant dont je vidais la mie en rentrant à la maison, assis sur le porte-bagages du vélo entouré des senteurs exhalées par les tartes refroidissant.

La fête, c'était une franche lippée de nourriture, de rencontre, de nouvelles, mais aussi de réminiscences partagées évoquant nos disparus, les malades, les moribonds, les enterrements tellement souvent pittoresques, les acquisitions récentes, les valorisations personnelles, scolaires ou professionnelles.

Florî Påke[18]

Le dimanche précédant la fête de Pâques, comme partout dans la chrétienté, la communauté célébrait les Rameaux, commémoration de l'entrée de Jésus sur une ânesse dans la ville de Jérusalem salué par un chemin de palme jeté sous les sabots de l'animal sous l'acclamation de la population.

Il est vrai que le nord de l'occident possède très peu de palmacées et détrousser les sujets du Jardin botanique n'aurait pas été approuvé avec bonheur par les gardiens. Très communément, les feuilles traditionnelles au Moyen-Orient sont remplacées par des branchettes de buis qui ne se dépouillent pas l'hiver, matérialisant ainsi une persistance de la vie alors que le souffle semble avoir abandonné le règne végétal. Il est exact que le houx résiste lui aussi, mais il est confisqué par la Saint-Sylvestre à d'autres fins.

Au petit matin du dimanche des Rameaux, l'airain appelait les fidèles à grands coups de battant, faisant résonner sa voix jusqu'au plus profond des Vallées. La veille, Marraine avait recoupé le buisson que nous élevions le long de la clôture du verger, formant de généreux bouquets nous encombrant pendant que nous rejoignions le cortège des voisins montant sur la Grand-Place.

---

[18] dimanche des Rameaux

Après avoir procédé dans le porche de l'édifice à la bénédiction des rameaux dans les formes prévues par l'Église, prologue il est vrai un peu fatigant pour les vieux et les bambins que la station debout incommodait, le Curé, le buis tenu dans les mains et précédé de la croix processionnelle introduisait les croyants à l'intérieur du sanctuaire pour y suivre la messe.

Mais le plus surprenant allait survenir !

La lecture de la Passion prenant un certain temps, l'office s'éternisait un peu plus que d'habitude dans cette atmosphère bondée ornée de l'environnement olfactif coutumier accentué par l'église comble, chaque croyant développant ses propres notes colorées de bruine corporelle en une offrande participative que ne jugulait pas l'encensoir vomissant généreusement.

Les paroissiens se divisaient en deux groupes : les moins valides rentraient chez eux, les autres, plus vaillants, entourés des enfants couvraient le petit kilomètre les séparant du cimetière. La distance ne se révélait pas bien grande, mais le trajet restait systématiquement éprouvant, le chemin s'offrant aux vents soutenus que le relief ne ralentissait pas, ou au contraire éprouvé par le massacre du soleil écrasant la tête et les épaules.

Parvenus sur place, l'imposante sarrasine grinçant sous la poussée des premiers arrivants annonçait le passage des bien portants du village. Dans le lieu de repos et de regrets, bien entendu, tous perpétuels, un parcours normalisé propre à chaque famille conduisait la déambulation. Nous visitions nos sépultures, dans un ordre très précis et hiérarchique. À l'entrée, directement, une vétuste pierre tombale inclinée par les ans rappelait le décès d'une ancêtre, je pense la « vieille marraine » dont le portrait ovale finissait de pâlir ses bistres au mur de la « *pièce aux chapeaux* », entendez le magasin de notre modiste. Immobilisée devant le caveau pendant un bref arrêt, Marraine déposait un petit brin de buis, signe de la résurrection, en espérant qu'aucun locataire ne surgisse ! C'était *Florî Påke*, les dalles du souvenir étaient fleuries, notre devoir accompli.

Puis venait notre héros, martyr de la guerre, un peu plus loin dans le chemin gravelé. Sur sa sépulture, il restait de bon ton que l'évocation de sa disparition dure plus longuement, la tombe réarrangée, puis une belle branche plantée au milieu des cendrées fraîchement ratissées. Ce qui me stupéfiait, c'était cette pondération de l'importance du buis déposé sur les monuments, et de l'arrêt consacré. Les personnes non appréciées de leur vivant n'avaient droit qu'à bien peu de résurrection et de secondes, voire rien du tout, le lieu d'inhumation n'étant que signalé sans arrêter le pas.

D'ssus l'âte[19], c'était l'occasion de rencontre de Burdinnois que nous n'avions vus depuis longtemps, d'enfants qui avaient grossi les familles, de la découverte des absents. Les échanges se faisaient souvent vifs, les interpellations un rien bruyantes sortant les gisants de leur tranquillité.

---

[19] au cimetière

Pittoresques habitudes du village proportionnant l'attachement des paysans aux disparus symbolisé par une branchette d'un vert persistant qui allait retourner à la poussière, aussi vite sans doute que l'éternité des regrets martelés dans la pierre.

Outre la révérence aux disparus, la tradition largement répandue ajoutait aux crucifix un rameau de buis bénit, mais encore, la ramille recevait la charge de notre préservation de l'orage et ralliait le cierge allumé accompagné généralement d'une image pieuse. Le bois bénit trouvait également sa place dans les étables, chargé alors d'une mission de protection du bétail contre les maladies, outre la prévention du mauvais sort, rejoignant la fonction laïque des hirondelles qui en échange du gîte défendaient des malveillances obscures.

Ah, l'apotropaïsme restait vif ces temps naufragés !

La confession

Les Rameaux entamaient la « Semaine sainte » que la fête de Pâques concluait avec sa succession d'offices dont l'accumulation, petit enfant, me lassait. Mais l'usage et la bonne fame nous contraignaient et nous ne pouvions rien éluder. Ainsi venait un des moments les moins comiques de la pratique de la Foi, et qui, outre le temps immobilisé, nous obligeait à une démarche que je n'appréciais pas. Nous nous arrangions entre copains pour nous retrouver en bande à l'église ; l'effet de groupe forgé à l'école nous réunissait en ces moments pénibles : nous devions trouver quelques péchés à avouer, et l'imagination se dérobait, absente au rendez-vous. Mais le travail en brain-trust nous servait bien, et nous échangions nos propositions. Personnellement, je me préparais un pense-bête qu'il me suffisait de lire, les genoux torturés par la position au confessionnal, la respiration aussi espacée que possible, les exhalaisons buccales du ministre ne constituant pas un bouquet apéritif. Nous discutions de nos peines, et surtout la sévérité de la « pénitence » dont nous avions hérité ; dès lors nous choisissions notre prêtre : à droite, notre Curé Piedboeuf, à gauche, un clerc extérieur souvent plus souple devant nos égarements.

Il m'avait été expliqué que chaque péché commis s'inscrivait en tache sur mon âme que je figurais comme étant assez fidèlement représentée par un ovale irrégulier, à la manière des phylactères de mes premières bandes dessinées. De grosses macules s'installaient au cours des jours, flétrissant peu à peu la fraîcheur de mon reflet spirituel. Il était de bon ton de se débarrasser de ces noirceurs par la pratique assidue et sincère du sacrement de réconciliation, d'où la grande nécessité d'établir une liste afin de ne rien oublier de mes errements.

Je me rappelle cette prière que j'adressai fréquemment à Dieu de me reprendre sans tarder après ma confession dans cet état virginal de nettoyage complet de l'âme puisqu'une seule pensée impure suffisait pour m'envoyer au purgatoire.

L'inconfort venait du fait que Dieu voyait toute félonie ! Comment se préserver de toute scélératesse, alors que le moindre souffle d'une audace pouvait surgir ?

Et si vous y ajoutez que nos décédés dont la vie réunissait tous les critères pour s'assurer une place privilégiée au paradis possédaient *de facto* la faculté indiscrète de juger nos actes, déceler nos sentiments intimes, peser nos paroles, et même, s'inquiéter de nos omissions ; nos jours allaient connaître une fameuse accumulation de débits dans le bilan ultime lorsque les cœurs seront livrés au trébuchet de la justice divine !

Visiblement, Dieu choisit son heure et postposa mon rappel : je disposerais d'un temps suffisant pour renettoyer mon souffle spirituel !

C'est encore à cette époque que je résolus de ne jamais trahir la vérité, ce qui éviterait les souillures opiniâtres et les situations inextricables. Bien sûr, se préserver du mensonge conduit à se taire, mais le silence emmène à l'omission ; et patatras, nous revoici avec cette envahissante part d'ombre à relaver. Le scoutisme m'a confirmé dans ces dispositions rigoureuses : je ne mentirai pas, et l'image du phylactère me suivit.

De plus, la félonie savait se rendre pernicieuse !

Exprimant mon exubérance, très souvent je me félicitais de savoir siffler presque aussi bien que Maman, mais c'était sans prendre en compte nos obligations de Chrétien : « *on ne peut siffler ; cela fait pleurer la Sainte Vierge* » !

Stupéfiant, et bien contraignant pour un petit bonhomme qui avait bien besoin de cela pour interpréter la musique qui baignait les semaines qu'il passait à Liège.

Frère Mutien-Marie

Chaque été, toute la famille répondait au vœu que formula mon grand-père de se rendre en pèlerinage à Malonne, près de Namur, si mon papa réapparaissait vivant de la guerre.

Jules revint, et nous prîmes l'autobus de Namur !
Hubert entretenait une foi intense dont il ne témoignait pas, mais lorsque très récemment me furent restitués certains effets personnels lui ayant appartenu, je retrouvai son chapelet aux grains noirs qu'il ne récitait jamais devant nous, des médailles religieuses et des images pieuses telle une photo ocrée de frère Mutien-Marie, prêtre de l'Instruction chrétienne du collège saint Berthuin de Malonne, qui faisait l'objet de sa dévotion profonde.

Rendre visite à Frère Mutien-Marie impliquait de ne pas rater le bus du matin, aussi le lever était-il très auroral. Après les toilettes et le petit-déjeuner, ma grand-mère préparait notre repas traditionnel dévolu à ce pèlerinage : elle cuisait des œufs de la veille en omelette qu'elle déposait bien chaude sur des tartines beurrées qui s'imprégnaient de graisse fondue et de sauce. Un délice que nous consommerions face au sanctuaire sur des strapontins improvisés après notre passage auprès du frère.

Ce petit film remonte à mes premières découvertes burdinnoises, car fin des années cinquante, mon grand-père perdit pied peu à peu, et le pèlerinage familial s'étiola.

Je revois l'entrée grillagée qui défendait l'accès à la tombe. Un petit escalier large, pour enfin découvrir la sépulture de celui qui n'était alors que Frère Mutien-Marie, modeste surveillant très limité en capacité intellectuelle, mais d'une bonté profonde et que la population sollicitait afin qu'il intercédât par la prière qu'il pratiquait avec la ferveur des grands orants. Il fallut attendre le milieu des années septante qui le reconnurent bienheureux, et la fin des années quatre-vingt pour qu'il fût élevé à la gloire des autels, c'est-à-dire bien longtemps après la mort d'Hubert qui survint en septante !

Je pense que l'humilité foncière du religieux, à cette époque non distinguée par l'institution, mais totalement par les croyants, fonda la dévotion d'Hubert.

Sur la partie haute de la tombe, un grand médaillon circulaire en bronze reprenait l'effigie du saint en bas-relief. Assez curieusement, le métal brillait d'un reflet cuivré très prononcé ; en effet, traditionnellement, chaque pèlerin frottait un mouchoir ou un drap sur le visage pratiquant une imprégnation sanctifiée, support domestique de la présence indirecte de l'intercesseur invoqué pour solliciter sa protection ou la réalisation d'un souhait.

Bien entendu la béatification du petit frère devait changer totalement les dispositions locales, et un sanctuaire moderne contenant sa dépouille placée sous une pierre trônant sur un escalier périphérique de marbre blanc fut édifié au début des années quatre-vingt ; mais le vieux médaillon continue de briller, se souvenant de milliers de passages et demandes déposées aux bons soins du Fr. Mutien-Marie.

Les superstitions

La frontière entre la pratique religieuse et la superstition reste quelquefois difficile à discerner, et l'exemple des rameaux repoussant les mauvais sorts en constitue une belle illustration. C'est incontestablement mieux que de clouer une chouette sur la porte de l'étable !

Ainsi, un jour en fin d'après-midi, ma grand-mère était occupée à traire l'une de nos deux vaches lorsqu'une vieille femme obèse déplaçant son poids d'une jambe sur l'autre vint à passer ; l'ancienne était réputée pour ses accointances avec les forces obscures et suscitait une crainte dans tous les ménages. Voyant Odile masser le pis, la sorcière lui jeta un sort ; le lait tournerait avant que n'apparaisse le beurre. Et cela arriva !

Le phénomène procédait de tout ce que l'on peut imaginer sauf bien entendu des talents de la mégère, mais sa renommée fut consolidée par cet épisode.

Vers sept ou huit ans, mes promenades me conduisaient un peu partout dans l'agglomération, et un jour gravissant la côte vers la Place avec l'antiquité qui me servait de vélo et qui avait connu les Allemands dans sa maturité, je grimpais péniblement avec cette lourde mécanique dépourvue de vitesse ou dérailleur. À mi-côte, au carrefour de la fontaine, je pris à gauche vers le centre du village. La route continuait à monter et mes coups de reins adaptés à l'effort consenti. Le regard cherchant surtout où poser mes pneus, je ne prêtais pas une attention suffisante aux obstacles qui, malgré mon allure fortement réduite par l'intensité de la pente, pouvaient surgir devant moi, et il y en eut un !

Ma roue enfourcha une grosse dame soutenue par une canne qui se retrouva dans un équilibre précaire à cheval sur l'avant de ma machine, et évidemment bascula le derrière sur le sol, entraînant mon vélo dans sa chute. Ma pirouette que mon jeune âge rendit assez souple me laissa hors de portée d'un bâton qui tournoyait avec agressivité. La litanie d'imprécations qui m'assaillit ne m'impressionnait guère, mais ma bicyclette me demeurait inaccessible, et la récupérer par le guidon restait impossible. Accroupi, je tendis la main vers les rayons arrière dont je me saisis en évitant les coups de la punition qui continuait à virevolter. Je traînai mon vélo en reculant sur le sol, puis je fuis en ne m'inquiétant pas de l'ancienne affalée sur l'asphalte.

Je venais de basculer la sorcière !

Rentrant à la maison, peu fier de moi, je racontai mes aventures à Marraine qui les rapporta à ma grand-mère, mais le seul commentaire provoqué se limita à « *mais ne pouvais-tu pas choisir une autre vieille femme ?* »

Il arrivait que superstition et religion entretiennent une frontière brumeuse difficilement résoluble.

Ainsi, un jour que j'accompagnais le Baron, assis à son côté sur le banc du chariot tressautant sur un chemin

grossièrement empierré, nous sortions du village voisin par une voie assez pentue, et l'allure molle de notre train favorisait la conversation ; Victor me raconta.

Il y a un certain temps, un homme peu fréquentable gravit la même côte que celle que nous étions occupés à monter et qui en son sommet aboutit à un carrefour. Établi en ce point précis, les anciens confièrent à st-Pierre le soin de protéger les cultures, et lui construisirent une potale sur un pilier en calcaire de Héron que depuis mille huit cent trente-deux faisait l'objet d'un culte qui amenait les paroissiens extra-muros, au milieu des champs.

Pour le double jubilé, les fidèles édifièrent une chapelle confirmant le contrat.[20]

Le manant refusait obstinément de s'amender, dédaignant la confession que son entourage lui recommandait. Il parvint à la croisée et st Pierre le reconnut aussitôt. Outragé par sa conduite, il lui asséna un coup violent avec une de ses propres pierres arrachée à l'édicule ; le pécheur s'effondra aux enfers où il croupit toujours.

Et effectivement, la borne s'est brisée, mais j'imagine bien, sans tuer personne, bien que... Agé de quatre ou cinq ans, l'histoire me remplit d'appréhension et c'est sans aucun plaisir que je vis l'intersection s'approcher. Heureusement, st Pierre demeura de bonne humeur, ou alors mes macules ne justifiaient pas que le gardien se dépouillât d'un moellon.

Le plus extraordinaire, reste que Victor détestait ce coin considéré par les anciens comme très peu rassurant !

---

[20] en ce lieu, des documents gravés au XVIIe Sc mentionnent déjà un calvaire et un chêne remarquable.

Un matador à Burdinne

Non, les Burdinnois ne construisirent pas une arène au milieu de l'année 54 ! Mais l'événement dépassait singulièrement l'ordinaire : la projection d'un film tout en couleurs vives, tourné en Andalousie devait bientôt animer l'estaminet installé sur la Place.

L'école muée en centre de propagande résonnait encore de la nouvelle stupéfiante ; Louis Mariano tiendrait le rôle d'un toréador bravant les Minotaures au pelage noir. Maman m'avait fait découvrir l'interprète à la voix cuivrée, et sa présence ne constituait pas une perspective séduisante. Déjà Georges Guétary ne me plaisait pas trop, mais le chanteur tonitruant au timbre acidulé et brise-verre ne me ravissait pas, et mon désamour n'a pas changé.

Une difficulté devait cependant surgir : il me fallait un adulte pour assister à l'exceptionnel événement. Marraine bloquée par son magasin pendant la journée ne pouvait se libérer, mon Grand-père ne se sentait pas concerné, aussi ma grand-mère se déclara-t-elle volontaire.

Une fois de plus, nous prîmes le chemin de la Grand-Place, en nous réservant un temps convenable précédant la séance afin de profiter de places correctes. Pénétrant dans le café dans lequel les tables avaient été repoussées le long des murs, nous nous installâmes. Bien qu'en avance sur l'horaire prévu, nous ne trouvâmes de sièges que dans les derniers rangs, pas loin du projecteur. Tant pis, nous supporterions les cliquetis sonores de la machine ; il nous suffirait d'y entendre le bruit de castagnettes accompagnant la féria.

Je n'ai pas imprimé l'histoire certainement très romantique contée par le film, mais ce dont je conserve un souvenir très vif, c'est la double torture décrite. Les couleurs saturées dégoulinant de soleil agressif, les banderilles sanguinolentes lacérant le dos du fauve à chaque pas accompli, et puis cette dernière charge fatale pour le taureau qui d'un ultime coup de tête encorne le matador déchirant le costume clinquant et la chair de l'homme s'effondrant, sous les cris horrifiés de la foule et des spectateurs visionnant la pellicule.

Le héros, mélangeant sa fontaine de vie à la mare répandue par l'animal reposant sur le sable, gagne alors l'infirmerie, transporté par les autres habits de lumière. Là, entouré de ses amis, et bien sûr de sa bien-aimée, il prend le temps pour mourir !

Et Michel pleura, abondamment !

Bien que tout enfant, l'aventure qui ouvrit mes Wallaces d'abondante tristesse me laissa des images acres et révulsantes. Jamais je ne m'assiérai dans une arène pour assister à ce genre de rite qui possède très certainement du sens pour les Espagnols, mais dont la violence inouïe me rebute.

Monseigneur

Burdinne aimait à se rappeler que le village hébergea un couvent de chartreuses, et il y avait bien une pierre commémorative gravée en lettres dorées au nom d'une branchette de l'arbre Mulquet, Frère des Ecoles Chrétiennes à Constantinople, mort au début du siècle[21] et que le conseil de fabrique avait installé au pied de l'accès à la chaire de vérité, scellée dans le mur à la manière d'un lambris.

Mais l'événement marquant la vie religieuse de la paroisse, resta l'élévation d'un enfant du pays aux honneurs épiscopaux en 53. Mgr Scalais formé à Rome où il étudia la théologie et obtint un doctorat, avait rejoint l'ordre des Scheutistes, Congrégation du Cœur immaculé de Marie ainsi que personne ne la désignait, communauté missionnaire très active en ce qui constituait à l'époque le Congo belge. Avec l'augmentation de la population et du nombre de catholiques, l'évêché devint archidiocèse et Mgr fut élu premier prima de Léopoldville en 59. Vous imaginez aisément combien la présence du prélat visitant sa famille et s'accordant un ressourcement, un repos, que sa charge devait exiger, soulevait l'intérêt, mais aussi l'émoi, notamment chez les vieux qui avaient connu Félix tout gamin.

---

[21] 1904

Bien entendu, pour le petit bonhomme que j'étais, les détails de titre, de date ou de lieux me restaient totalement obscurs : seuls importaient le Monseigneur, le bouc de Scheutiste, la croix pectorale, le calot violet, et l'obligation de poser à sa rencontre un genou au sol et de baiser son anneau pastoral. En fait, très souvent, Monseigneur nous arrêtait dans nos élans respectueux, voire les refusait de la part des anciens qui l'avaient connu tout jeune ; pour eux, Félix remplaçait l'évocation de son rang. Un homme simple, vrai, accessible.

Il revenait chez sa sœur Maria, copine de ma marraine, dans une jolie maison construite un peu en retrait, pas loin de mon école, et donc de l'église. Son beau-frère, Ernest, solidement charpenté et opulent monsieur à la chevelure rousse coiffée en brosse, le teint rougeaud et la peau tavelée, d'une ineffable cordialité, se révéla « *grand socialiste* » athée aussi convaincu que sa femme, très catholique, participait activement à l'animation de la paroisse ; certes, très proche de Mgr, je pense que cela l'incitait. Ernest et Félix partageaient de temps à autre un cognac que notre hôte savait choisir ; la fraîcheur des conditions de chasse qu'il pratiquait assidûment rendait nécessaire le noble carburant. Il arborait souvent un loden de laine mérinos de couleur verte qui faisait partie de sa panoplie. À cette époque, les couturiers réputés ne se l'étaient pas encore approprié ; dès lors représentait-il une curiosité largement commentée tant ce manteau stigmatisait l'aisance d'un mode de vie. L'attachant chien de chasse aussi gentil qu'il profitait d'une haute taille complétait l'équipement.

J'aimais à suivre la messe célébrée par Monseigneur Scalais. Sortant de la sacristie, Monseigneur se rendait au maître-autel sur lequel Ferdinand avait été prié d'apprêter les habits liturgiques nécessaires à l'office : l'aube, l'étole, la chasuble, le manipule que Mgr revêtait après avoir retiré sa croix pectorale d'une envolée généreuse virevoltant sa chaîne par-dessus la tête. Jamais les fidèles ne voyaient leur Curé livrer ainsi son intimité.

Le plus étrange restait l'idiome employé : Mgr célébrait en langue vernaculaire bien avant les modifications apportées par les choix pris au terme des travaux de *Vatican II* auquel il allait participer ayant rejoint Rome. Le plus exotique pour nous venait du dialecte utilisé : il solennisait en swahili ou en lingala, allez savoir, mais nous ne comprenions rien et nous repérions visuellement et à l'aide des interventions en latin sollicitant une réponse, tout aussi latine.

Pour nous, les jeunes, un autre avantage nous paraissait définitif : Mgr ne prêchait pas, dès lors la messe ne durait qu'une vingtaine de minutes, ce qui décida ma Marraine à ne plus favoriser ces offices divins que j'appréciais tellement.

Le dimanche, Mgr assistait à la liturgie présidée par le Curé.

Ferdinand voulant rendre hommage au Prince de l'Église installait un fauteuil haut non rembourré à faible distance de l'autel d'où l'évêque participait au Saint Sacrifice. Arrivé à l'homélie, il retournait son siège et s'asseyait face à l'assemblée et à la chaire de vérité dans laquelle le prêtre montait. Précédant le prêche, le traditionnel et un rien pompeux « *Veni Sancte Spiritus* », accompagné d'un large signe de la croix.

Commençait alors le sermon, long, très long, trop long, édifié comme la *Sagrada Familia* de Barcelone, interminable, baroque et compliquée ; puisqu'un docteur en théologie écoute, des efforts doivent être consentis ! Mais Mgr entendait-il ? Eh bien, non !

Systématiquement, Mgr plantait l'extrémité de son bouc étiré par les ans sur son crucifix pectoral ; Mgr dormait !

Pauvre Curé Piedboeuf, vous avez bien souffert, et l'image qui me revient soulève la compassion que le petit enfant n'a pas éprouvée ; mais j'avoue que ces sermons équivalurent à autant de portes ouvertes aux rêvasseries et promenades imaginaires.

Notre prêtre entourait notre prélat de toutes les attentions qu'il pouvait lui réserver. Mgr aimait déambuler dans le village, souvent sur son vélo. Il prenait le temps de rendre visite aux anciens qui le recevaient avec un réel plaisir, sensibles à l'honneur que son éminente présence éveillait, alors que Félix n'y voyait que la douceur de la rencontre avec une part de son passé, des gens qu'il avait connus. Mgr roulait lentement, s'arrêtant autant de fois que sa route croisait de personnes qu'il avait fréquentées dans sa jeunesse. Le plus insolite résidait dans l'omniprésence de Monsieur le Curé qui suivait patiemment le prélat, dans un premier temps avec sa moto, celle de l'écharpe, plus tard dans sa 2 CV. Alors qu'il pénétrait dans une maison,

Monsieur l'Abbé attendait à quelques mètres la réapparition de l'évêque.

En 1964, Mgr Scalais décida que l'indépendance du Congo devait impliquer l'accession d'un prêtre autochtone à la responsabilité de la primatie de Léopoldville qui allait devenir Kinshasa, aussi proposa-t-il sa démission, ce qui l'amena à la fonction relativement fictive de pasteur d'*Aquensis in Numidia,* demeurant à partir de ses soixante ans officiellement à Burdinne. Bien qu'ayant renoncé à sa charge, il participa de 62 à 65 à quatre sessions de Vatican II, théologien immergé parmi les deux mille quatre cent cinquante Pères conciliaires.

Il devait disparaître en 67, bien jeune encore, et au plus grand regret de la population qui défila devant le demi-cercueil le présentant en habits sacerdotaux verts du temps de l'ordinaire, bien que sur les clichés noir et blanc que j'ai consultés, il semble avoir été enseveli avec des ornements clairs, sans doute blancs. Il fallut attendre son décès pour que je le découvre en mitre, gants et bâton pastoral ; il avait été sobre et accessible jusqu'au bout de sa vie, évitant les attributs de son rang.

Au pied de la chaire de vérité, une nouvelle pierre de petit granit accompagne désormais de ses lettres dorées le mémorial de notre pope familial à très longue barbe.

Les décès

La douleur universelle de la perte d'un être cher s'accompagne d'expressions et rituels liés au deuil qui se modèle sur la communauté. À Burdinne, comme partout ailleurs à cette époque, les pompes funèbres garnissaient le dormant de l'abord de la maison avec de lourdes portières noires qui mettaient dans l'ambiance dès le franchissement de l'huis maintenu ouvert en ces circonstances ; l'accès au mort doit toujours rester possible ! Dans le vestibule s'il existait ou directement derrière la porte, l'organisation prévoyait un plateau sur lequel l'entrant déposait sa carte de visite. S'ils ne désiraient pas de remerciement, les villageois pliaient le coin supérieur gauche de leur bristol.

Ma grand-mère alors que je n'avais pas cinq ans m'avait emmené dans cette réjouissance morbide ; après Louis Mariano, on recommençait, mais cette fois avec un vieux bonhomme au teint décomposé, habillé d'une chemise blanche au col trop large, et d'un costume qui avait servi pour tant de funérailles avant d'accomplir lui aussi son dernier voyage. La pièce étroite, éclairée d'une lumière adaptée, semblait encore plus étriquée, tendue de ces décorations noires garnies de galons d'argent. Un miroir accroché au mur ne renvoyait plus aucune image, mis au repos pour lui temporaire par des voilages drus. Le Christ posé devant la bière se retrouvait masqué de façon identique, et un goupillon ajouré trempant dans de l'eau sacrée attendait que chacun bénisse la dépouille, y compris ceux qui n'avaient plus rencontré l'obligation d'effectuer le même geste saluant leur propre corps. Je conserve de cette découverte malsaine un petit film dont je pourrais vous commenter les séquences, mais elles ne peuvent qu'arborer un cadre noir épais.

Évidemment, dès le départ de la personne pour les eaux du Styx, il convenait de convoquer des dames de son clan afin de procéder à sa toilette. L'usage voulait que la famille n'assistât pas aux opérations du dernier entretien, de l'habillage, et si le décédé avait la bouche étendue lors de son passage, on récupérait la mandibule, la contraignait à la fermer une fois de plus et pour la dernière fois, la bloquait souvent avec une boîte d'allumettes qu'il était nécessaire de cacher, contrairement aux soins apportés par les embaumeurs de l'Égypte ancienne qui rouvrait la cavité buccale du mort en vue de lui permettre de converser avec les entités suprêmes durant sa traversée des fleuves de la mort pour gagner la *Vie* ! Mais l'homme moderne est prié de se taire pour le dernier voyage !

Si le disparu présentait des particularités anatomiques spéciales que ne partageait pas le commun, comme Balauche, les curieuses se précipitaient sur l'ultime lavabo. Sinon, seules quelques âmes de bonne volonté s'exécutaient ; il faut bien quitter le monde nettoyé des corruptions terrestres, mais au-delà, cela constituait les ultimes marques laïques de respect avant celles de l'Église !

Dès l'annonce du décès, la famille proche du défunt prenait contact avec ma Marraine alors que les habillements de circonstance avaient été déterminés. Les dames défilaient bientôt pour choisir qui un chapeau, qui simplement une adaptation de ce qui avait été décidé pour d'autres situations semblables.

Le jour précédant l'inhumation, la paroisse organisait une veillée de prière présidée par le Curé revêtu des ornements appropriés, chasuble comprise. Si le corps restait assez frais, les ordonnateurs l'exposaient dans son demi-cercueil garni de soie blanche reposant dans la mortuaire toute de noir tendue. Évidemment, si des marques suspectes apparaissaient telle une tache brun foncé sous les ongles, les parents proches se réunissaient pour la fermeture de la bière à l'heure de la perte éternelle de ses traits ; autant que possible, l'opération survenait après la veillée de prière.

L'office du lendemain correspond dans mes archives neuronales au rite normal qui circulait dans les années cinquante, et par bonheur ma Marraine ne me contraignit pas à assister à la descente dans la fosse.

Le contact avec ce monsieur masqué de cire dans des circonstances sinistres que je ne pouvais imaginer, outre les tissus dégoulinants de noir, l'atmosphère lugubre, et ces gens que je découvrais confrontés à une émotion que je ne connaissais pas. Trop jeune, la mort se divulguait.

Plus petit encore, je me souviens d'une visite que Maman et moi avions rendue à Carmen, l'épouse d'un ami de la famille dont la disparition bientôt survint dans un des hôpitaux de Liège. L'accès à la chambre donnait sur le pied du lit, et la pièce très claire, ensoleillée ce jour-là, ne disposait que d'un fauteuil droit non capitonné dans lequel Maman prit place. C'est Carmen qui demanda à ma mère de me déposer sur sa couche, au plus près, elle qui, un jour, avait assisté contre mon gré à mes pleurs et à ma toilette, dénudé, ma pudeur outragée, debout sur une chaise.

Quelque temps plus tard, j'appris qu'elle avait disparu, laissant ses cinq enfants et son mari dans la douleur profonde. Je découvris l'existence de l'affect imprégnant les relations cordiales : les liens avenants avec cette dame tellement maternelle allaient se dissoudre.

Il me fallut attendre quelques années pour que le deuil m'affligeât l'âme, celui qui vous submerge soudainement d'une vague d'émotions à l'annonce de la brusque privation de ma douce grand-mère de Liège, Marraine de mon frère Christian ; j'avais onze ans, presque douze, en début d'une nuit estivale et les ténèbres de la douleur venait d'envahir notre foyer ; je ressentis alors la frustration définitive d'une source de tendresse réciproque.

Pour certains enterrements, ma famille appartenait au cercle de fréquentation des personnes entourant le trépassé, ou plus rarement, le défunt constituait un des maillons de notre propre lignée, même si un arbre généalogique commenté s'imposait pour retrouver le lien ; dans ces circonstances, nous étions invités à manger un « pistolet », boire un excellent café-chicorée, puis honorions le décédé en consacrant l'occasion à coups débordants de genièvre, effectivement moins digne que le cognac, mais plus accessible. La préface de la conversation reposait souvent sur les qualités humaines du disparu, avant que le sujet n'évolue vers les accidents de caractère qui altéraient les relations, l'éventuelle maladie, le contexte de l'agonie. Puis venait le corps des échanges ; resurgissaient alors les rencontres antérieures où tellement d'événements avaient accompagné la cérémonie. On sortait l'évocation des glissades inopportunes, les égarements vestimentaires, les maladresses des paroissiens. Puis apparaissaient les histoires sur les effets des boissons absorbées durant les « pistolets », les évasions de l'esprit peu à peu imprégné, voire les effondrements. Une des cousines de Papa avait perdu les images qui auraient pu illustrer l'enterrement de sa Maman tant le genièvre enfilé à la tasse les avait inondées. Tout cela ne semble pas honorable, mais la décharge de la tristesse, de l'émotion ou de la fatigue et la compagnie de la famille, rendait service, bien que le moyen laisse largement perplexe !

6. *Ma petite vie*

Michel chante

En mes premières années, le gamin pétulant et assez dérangeant prenait plaisir à parler, chanter, envahir un cercle toujours plus grand au fur et à mesure que les mois et les ans lui accordaient une assurance sur son vélo, et les autorisations nécessaires. Michel restait en général relativement bien obéissant ; constamment ce problème des souillures de mon phylactère ! À l'époque les risques inhérents à la circulation dans le village demeuraient très modérés, et je n'aurais sans doute pas convenu comme candidat à l'enlèvement.

À Burdinne, peu de monde échangeait en français : Mme Nitko, le Curé, le médecin, le pharmacien Bertrand, Ferdinand dans sa fonction de sacristain se réservant le wallon lorsqu'il portait sa casquette de *cwèpî*[22]. Peu à peu la compréhension de ce patois où les qualificatifs se placent devant le nom, ou autant l'auxiliaire « avoir » remplace « être », le « tablier blanc » se mute en « *blanc d'vantrin* » et le « je suis allé » en « *dj'a stu* » ; encore fallait-il s'habituer en évitant de mélanger les deux langues. Évidemment, je ne parlais que français, et je recours pour vous décrire mes anecdotes et

---

[22] cordonnier

corriger mes réminiscences à un dictionnaire pour coucher sur papier ces expressions qui me reviennent. Tout petit, j'aimais déjà vocaliser et ne refusais jamais d'exhiber mon savoir-faire. Le public m'installait sur une scène improvisée, une chaise s'offrant au sacrifice de mes piétinements. Je ne me souviens que d'une courte turlurette sur ce pauvre Joseph qui souffre de partout et je déclamais fièrement ce quatrain très profond qui poussait la compagnie au rire d'entendre ce gosse de la ville débiter un fac-similé de wallon. (*Waïe, Djoseph, dji'n sé nin çou'c dja, dj'a mô chal, dj'a mô là, c'èl pèhon, djèl sint bin, dj'in n'a pu pô longtin, waïe, dj'inn va mori d'moin*[23]).

    Bien entendu, l'école m'offrait un réservoir choisi d'oreilles attentives, tout au moins quand Melle Hobé assurait le service d'ordre. À la fin de l'année, une fête réunissait une salle complaisante et miséricordieuse acceptant les accidents inévitables qui perlent les prestations des jeunes enfants. Une fois de plus Michel se produisit avec enthousiasme et à cet âge les affres de l'apeurement ne nous envahissent que rarement. Mon petit-cousin Jeannot Wilkin devait lui aussi apporter son concours, isolé à l'avant-scène, là d'où le silence se fait moins épais et d'où les yeux découvrent avec horreur l'évidence d'une foule trop nombreuse que pour subir la dégradation honteuse de paroles oubliées, de musique estropiée.

---

[23] *Ouïe Joseph, je ne sais ce que j'ai, j'ai mal ici, j'ai mal là, c'est le poisson, je le sens bien, je n'en ai plus pour longtemps, ouïe, je vais mourir demain*

Jeannot restait mutique et seul l'accompagnement meublait ! Dès la répétition, Jeannot se tut. Mais Melle Hobé veilla à suppléer : Michel serait assujetti à une des membrures de l'arbre édifié en fond de plateau évoquant l'aspect champêtre de la ritournelle. Ainsi Michel gagna en altitude, accroché dans le marmenteau, et la mise en place se passa avec la voix du ménestrel qui émanait de la canopée, Jeannot observant une position immobile et coite, digne d'un *Grenadier Guards* anglais devant le palais royal.

Évidemment, avec les parents dans la salle de chez Mathieu, le même dispositif fut implanté : Michel installé dans les branches, puis à l'ouverture du rideau, le cousin vint à l'avant-scène et joua son rôle mutique, alors que les feuilles du fruitier égrenaient les notes de la chanson enfantine soulevant l'approbation enthousiaste, comme pour chaque petite prestation du spectacle, et de généreux applaudissements partisans.

Les travaux hydrauliques

Malheureusement, Michel ne se limitait en rien qu'au chant. Il agissait aussi sur son milieu. Parmi mes copains de classe, Willy Stas partageait certaines de mes entreprises ludiques.

En face de la maison, dans l'immense prairie où nos deux vaches paissaient, au fléchissement séparant la portion plus ou moins horizontale de la montée du vallonnement conduisant à une rangée de peupliers trembles, un ru avait raviné son lit. Capté au niveau de notre rue par un égout actif, il émergeait dans notre pâturage, bordait la haie mitoyenne puis tournait à angle droit pour longer le creux de la combe avant de sortir de notre pré pour se diriger chez notre voisin Lahaye, réputé pour son caractère abrupt.

Nous résolûmes d'atteler nos énergies à de grands projets hydrauliques. Réunissant des mottes de terre enherbées, nous les installâmes, les pieds dans la fraîcheur du ruisselet, en un cordon démarrant depuis les berges. Alors que nous aménagions les derniers apports, terminant l'ouvrage en son centre, l'eau se mit à gonfler. Toute la performance reposait sur l'art de consolider le barrage pour qu'il retînt le flot turbide qui arrivait. En aval du fruit de notre génie civil, le lit se révélait caillouteux, mais relativement souillé d'alluvions foncées. Peu à peu, les rives se laissaient envahir à notre grand ravissement, jusqu'au moment critique où survint Marraine à l'entrée du pré manifestant une visible attitude atrabilaire nous intimant de cesser de jouer dans cette saleté et de rentrer immédiatement. Willy fut renvoyé chez lui, et l'on me conduisit dans le lavoir pour de généreuses ablutions ; nous venions de passer l'après-midi dans l'eau noire reprenant les toilettes de la rue montant sur la Place. Je compris seulement à ce moment l'origine de la turbidité des effluents et le caractère particulier des dépôts foncés souillant les cailloux.

Surgit alors plus tard dans la journée M.Lahaye exprimant avec vigueur son mécontentement : l'abreuvoir naturel aménagé sur le ru sans nom destiné à ses bêtes souffrait d'une inextinguible soif, et il avait aperçu en nous rendant visite, la jolie retenue que de sales gosses avaient perpétrée. Mon Grand-Père s'arma d'une bêche et s'en vint détruire l'œuvre de nos génies naissants.

Bien que nos exploits me valussent des ennuis relationnels avec mes aînés, je conservai une certaine fierté : notre barrage avait tenu sous l'agression des flots.

Le naja

Avec Willy, je passais de nombreuses heures de jeu à proximité de la maison, mon trop jeune âge m'interdisant les prospections qui allaient accompagner ma croissance. Nous possédions un aménagement fruste dans le talus face au logis qu'occupait la famille de mon copain. Petit escarpement habillé de feuillus diversifiés couronné de la haie haute d'une propriété cossue au sommet de laquelle une jolie demeure début du siècle avait appartenu à un médecin. Une symphonie de chants multiples qui aurait ravi un ornithologue convoyait la palette variée d'un camaïeu de vert d'une belle pluralité de baliveaux et d'arbrisseaux. Tout le carrefour de chez Mathieu résonnait des cris répétés des paons dont l'orgueilleuse queue s'émaillait d'ocelles mordorés et que nous chassions souvent avec succès. Bien entendu, pour ma marraine, je ne ramassais que les orphelins d'une mue périodique dont elle se réjouissait, les regroupant dans un gros vase de grès dont la panse arborait l'oiseau que l'huile pigmentée avait figé.

Dans notre petite retraite nous édifiions de complexes fantasmagories qui transmutaient la réalité à travers le prisme de notre imaginaire : le fermier dirigeant l'attelage dans des monosyllabes gutturaux perdait six siècles pour n'être plus qu'un manant en servage évacuant les suppliciés de la place de grève, ou cette vieille dame remontant la rue en vélocifère d'une autre époque.

Et puis, soudain, un cobra s'avança en douceur vers nous, le capuchon heureusement bien rangé, ses lunettes clairement discernables rappelant à tous l'imminence d'un mortel danger. Michel et Willy prirent les mesures conservatoires nécessaires devant l'horreur du trépas : nous fuîmes, alors que l'inoffensive couleuvre continua son chemin, après une prudente identification par un adulte téméraire !

« ne fais pas le petit sot ! »

Que l'ai-je entendue cette interpellation dont seuls l'adolescence et l'abaissement de certaines barrières m'ont libéré !

Déjà contaminé par l'attrait du vivant, de la découverte des plantes avec leur réseau intrigant de canaux parcourant leur parenchyme ou ces bêtes qui savaient se rendre presque invisible et pourtant nanties de tout le matériel qui leur assurait une vie autonome, j'observais tout ce qui me tombait sous la lentille. Une pauvre maigre loupe s'efforçant malgré sa faible capacité de grossissement de me révéler les duvets au revers des feuilles, ou les huit pattes des « araignées rouges », plus élégamment appelées tétranyques, comme personne ne l'ignore. Son modeste manche métallique, dont la gravure en diamant permettait une prise efficace, se vissait sur un cerclage qui laissait échapper trop fréquemment l'optique. Le temps fuyait inconsidérément et ma rêvasserie habituelle ne servait pas mon image ; trop rapidement à mon goût j'entendais ma Marraine m'invectiver d'un « *ne fais pas le petit sot* », marquant sa désapprobation. Elle ne supportait pas que je joue au naturaliste, moi qui allais bientôt découvrir à l'aube des années soixante Jean Rostand et son livre « *Aux Frontières du surhumain* » qui consolida le profil du scientifique qui lentement s'édifiait. Évidemment, tout le monde n'a pas comme papa ce cher dramaturge *d'Edmond* et une maman poétesse,

Rosemonde Gérard, beaucoup plus confidentielle : cela facilite considérablement l'aisance matérielle et les champs d'investigation non conventionnels et peu académiques. Vers mes douze ans, je me rappelle avoir baigné mes têtards de grenouille avec de la teinture d'iode afin de provoquer leur thyroïde et induire leur mue en batraciens nains ! Tous laissèrent leur vie sur l'autel de la science expérimentale, et Jean n'aurait pas été fier de moi !

Mais à mes sept ou huit ans, mon ami Jean n'avait pas encore écrit ses *Frontières*, et mes explorations s'appuyèrent sur un nouvel instrument. J'avais récupéré un vieux microscope stylo dont la peinture grise s'écaillait en mille pellicules pour découvrir son corps d'aluminium. Le petit objectif dont le pas de vis érodé par l'usage avait lui aussi décidé de ne plus travailler atteint par la sénilité due au temps, il laissait échapper son objectif. Heureusement le sparadrap vint à la rescousse et maintint le dispositif avec bonheur, sinon que l'aspect général souffrait un rien de la réparation dégradante, mais efficace. Ainsi, le monde s'élargit, et Marraine me poursuivit toujours un peu plus.

Il me fallut attendre quelques années d'épargne pour pouvoir m'équiper d'un microscope acquis pour 2 700 francs chez le meilleur opticien liégeois, ce qui constituait une performance, pour enfin posséder à treize ans un splendide microscope binoculaire revendu par l'Université de Gand, m'ouvrant définitivement et largement le champ d'intérêt à tout l'univers de la micrographie optique.

Mais Burdinne n'approuvait pas !

Je connus une expérience analogue avec une clarinette que j'avais récupérée chez la sœur de mon grand-père dont le mari avait été un bon musicien jouant à la fois du piano et de cet instrument dont la prospection au hasard des perces et des clefs peut se révéler, je l'avoue, un rien bruyante. Tous les canards de la région devaient certainement se trouver alertés par mes cancanements et tentatives infructueuses d'obtention de sons harmonieux. Heureusement pour la mémoire des murs de la grande pièce, Marraine intervint, complétant sa litanie, et m'envoya derechef dans l'étable, loin de l'inconfort généré par un Sydney Bechet en devenir. Le fumier, les hirondelles et les souris pourront en témoigner : je parvins à jouer le début des « *Oignons* », mais sans pouvoir débusquer le secret de l'usage des clefs de l'instrument.

Il me fallait rester dans le gris terne de la conformité et ne point m'en distinguer, et mes premiers petits textes, fruits de l'enfance à l'orthographe en recherche ou à la phraséologie hésitante, connurent l'incinérateur ; ce n'est que par le hasard des décès que j'en retrouvai ayant échappé par miracle à l'autodafé. Cependant, il me faut avouer que la prose se révéla véritablement maladroite et indigente, et n'aurait sans doute pas ravi Chateaubriand.

« envole-moi, remplis ma tête d'autres horizons[24] »

De temps à autre, Marraine devait se rendre à Namur pour alimenter son magasin en fournitures diverses. Lors d'un de ces voyages, elle m'emporta dans ses bagages me dispensant d'un jour de classe, ce qui n'était pas toujours pour me plaire, mais la perspective de passer sur un champ de foire me séduisait.

Namur ne m'était pas inconnue ; le pèlerinage annuel au Frère Mutien-Marie, la poussière, les odeurs et fumées d'échappement, le bruit tonitruant des engins labourant une répugnante boue de la citadelle de Namur, corollaires encombrants de l'épreuve de motocross, faisaient que la découverte de la ville appartenait déjà à mon petit cheminement.

De la foire, je n'ai conservé dans mes souvenirs qu'un seul manège, mais qui devait marquer le Mermoz que je ne deviendrais pas. Marraine m'inséra dans le cockpit étroit d'un avion retenu par un tentacule embrasé d'une brassée d'ampoules, sources d'une orgie de lumière. Devant moi un manche à balai très réaliste dont je me saisis, ne résistant pas au plaisir de le manœuvrer alors que les enfants étaient occupés à s'installer ou à s'extraire de leur avion, le visage rougi d'excitation, et certain*s,* frappés de récents tourments !

---

[24] JJ Goldman

Soudain, après les avertissements enthousiastes tonitruant à travers les diffuseurs, la machine sortit de sa sieste. Mon avion tressaillit, trébucha sur des nuages imaginaires, puis s'éleva lentement. Surpris, je me retins à ce qui m'entourait : d'abord le plus évident, le stick devenu beaucoup plus ferme à manier, puis aux bords de ma cellule. En un temps record, je me retrouvai à contempler le sommet des arbres eux-mêmes étonnés de voir un marmouset de moins en moins à l'aise dans cette position audacieuse. Je savais qu'il suffisait de pousser sur le manche pour redescendre à une altitude beaucoup plus compatible avec ma peur, mais comment oser lâcher la carrosserie pour m'en emparer ? La situation de danger imminent d'une fin de vie prématurée m'encouragea à hurler mon désarroi à la canopée qui comprit le vert de ma frayeur.

Le forain immobilisa prématurément le tour de manège en cours, soulevant la désapprobation de mon escadrille, mais me soulageant d'une partie de l'horreur qui m'avait envahi. Tous les copains d'un vol se dégonflèrent, mais le seul qui maintint son altitude, c'était mon chasseur bombardier. Je restais arrêté dans le ciel, la poutrelle pneumatique en érection lumineuse obstinée, le pilote exprimant dans un vocabulaire non charpenté son désarroi et son désir de rallier le plancher autrement qu'en parachute.

Le tenancier dut se munir d'outils et venir à l'articulation du bras pour purger le vérin qui demeurait bloqué. Après des siècles de peurs viscérales et incoercibles, enfin l'avion se dégonfla me permettant d'oser lâcher les tôles salvatrices pour rejoindre les bras beaucoup plus protecteurs de ma Marraine.

Jamais depuis cette expérience namuroise je n'ai remis ma vie entre les mains de forains dispensateurs de terreurs.

SV4

Cela m'amène évidemment à évoquer un spectacle gratuit qui, par ciel dégagé, me ravissait. Dans l'air enflammé de l'été, nous entendions parfois un vol de bourdon émanant de l'horizon avant que nos yeux égarés dans les voiles de cirrus ne décèlent un point vrombissant qui peu à peu prenait corps. L'acuité de nos détecteurs, tel Cochise débusquant les envahisseurs blancs, résolut peu à peu les deux ailes superposées. Le SV4 représentait une caste en voie de disparition ; celle des avions biplans à hélice. En outre, celui-ci possédait une carte d'identité bien belge, construit pour la voltige et l'apprentissage des futurs pilotes, et qui me fit rêver à ces véhicules d'une époque héroïque.

L'aéroplane semblait choisir le dessus de nos *têtes* pour évoluer en orbes tantôt amples, souples et gracieux, réalisant en 3D les figures téméraires, les sauts et pirouettes des patineurs sur glace, tantôt en trajectoires inattendues, heurtées, montant brusquement vers la lune jusqu'à étrangler le moteur qui toussait ses derniers soupirs avant de glisser sur l'aile et de se précipiter vers le sol en réanimant la machine dont la vie passait du ronronnement aux hurlements d'agonie. Les loopings, tonneaux, vrilles et immelmanns se succédaient pour mon grand ravissement. De temps à autre le SV4 perdait une traînée blanche qui ne pouvait signifier qu'une seule chose : l'appareil brûlait ! Par des manoeuvres audacieuses dessinant un tableau moderne, l'avion semait l'incendie dans le ciel qui complètement égaré s'estompait sous le vent furtif poussant les nuages décoratifs.

Pourquoi notre azur se remplissait-il de cette attraction gratuite ? Je ne sais ! Mais le tam-tam suggérait mille interprétations : le pilote, homosexuel, venait saluer son ami que la discrétion empêchait de nommer, ou encore un acrobate couvert de gloire qui avait appartenu à la RAF durant la dernière guerre et reproduisait ses combats contre des ennemis imaginaires ; combien de fariboles qu'uniquement l'inextinguible fécondité de la pensée burdinnoise limitait.

Plus grand, j'en revis aux exhibitions proposées annuellement aux Fastes de la base militaire de Bierset. Mais peu à peu les SV4 se firent plus discrets, contraints de laisser leur place à des *Fougas Magisters* à réaction, beaucoup plus imposants, beaucoup plus bruyants, beaucoup plus rapides, mais tellement moins épiques et pittoresques.

Que les Bréguet, Farman et autres Wright sont loin, soufflés par de furieuses tuyères dans les obscurités de l'histoire.

Monsieur le Comte

De temps à autre, Monsieur le Comte, entendez le Comte Brouchauven de Bergeyck, malheureusement affecté d'un pied difforme engoncé dans une chaussure de cuir noir rutilant de cirage, passait devant la maison, installé dans un fauteuil de route muni d'un pédalier à main. Il habitait un château édifié entre Lamontzée et Burdinne au sein d'un vaste parc riche de magnifiques feuillus au fût impressionnant, accessible uniquement par un chemin privé défendu par un solide portique de pierre calcaire et grilles en fer forgé. Si même il était accoutumé à ses excursions à la force des bras, il appréciait l'aide du gamin qui remplaçait ses ardeurs pour gravir la montée de la Grand-Place. Habituellement habillé d'un costume grège à petits motifs quadrillés, d'une chemise blanche et d'une cravate foncée, il marquait sa différence avec notre environnement usuel. Fort affable, s'exprimant dans un français soigné teinté d'une légère nuance qui devait appartenir au nord du pays, j'aimais beaucoup partager avec lui, si même nous ne pouvions réellement qu'échanger des banalités que l'effort nécessaire à le déplacer rendait succinctes.

J'appréciais ces courtes escapades en noble compagnie, qui outre le plaisir de la rencontre et l'avantage de la B.A.

accomplie, réunissaient l'assentiment de mes aînés, toujours très respectueux de cette famille possédante et prestigieuse.

La fête de Noël

Évoquer mon quotidien à Burdinne sans décrire succinctement la fête de Noël en ce milieu de siècle constituerait une erreur de jugement.

Toute célébration de la naissance de Jésus impliquait bien évidemment l'acquisition d'un sapin, bien qu'en Palestine il se fasse un peu absent ! Mais comme le buis, il conserve des feuilles et donc la vie apparente en toute saison. Vous me direz qu'en fait, il perd ses aiguilles au fil des semaines, mourant ainsi en permanence, mais l'œil de l'homme se contente souvent de ce qu'il perçoit sans regarder au pied de l'arbre pourtant rempli de cadavres !

Le plus fiable fournisseur, il est vrai inconscient de sa fidélité, restait Monsieur le Comte à qui nous chipions chaque année un exemplaire sélectionné avec soin par ma marraine. Installé dans la belle place, auprès de la fenêtre, nous le parions de garnitures que le pauvre conifère n'aurait pas adoptées pour accompagner ses ultimes heures de vitalité. Nous avions même de modestes bougies veinées d'hélicoïdales teintes variées plantées dans des supports d'aluminium dont la coupelle ondulée comportait une pince qui l'assujettissait aux extrémités des branches en des lieux correctement choisis afin de réduire le risque d'embrasement en un feu de joie non souhaité. Il est vrai que nous avions sacrifié à la déesse électricité quelques sous pour bénéficier d'une de ces guirlandes d'ampoules multicolores qui impliquait fréquemment le désagrément de ne pas s'éveiller. Disposées en séries, les décorations lumineuses ne pouvaient s'animer que dans la mesure où chacune présentait un bulletin de santé irréprochable. La moindre défaillance d'un maillon de la chaîne annihilait tout service.

L'inéluctable crèche trouvait sa place sous la protection des branches basses, souvent posée sur un tabouret recouvert d'un tapis de ouate déjà ornée d'aiguilles de l'arbre qui lentement se dépouillait. Bien entendu, le petit Jésus n'avait pas encore rejoint sa mangeoire et ses parents regardaient avec tendresse la paille vide de sa couche. Leur fils les retrouverait, mais pas avant le retour de la messe de minuit au milieu d'une obscurité prodigieuse qui ferait apparaître les jouets.

Une année, Marraine acheta un sapin sans doute après l'une ou l'autre récrimination du Comte qui ne devait pas apprécier de voir son parc peu à peu se transformer en savane. Elle choisit un sujet pourvu de sa motte nourrissant ses racines ; enfin la mort programmée devrait attendre avant que *la Faucheuse* ne s'empare de son écot. Après les fêtes, il nous fallut trouver un emplacement adéquat afin de lui permettre de continuer ses jours, et l'on désigna l'ancien fumier qui lui fournit ses richesses pendant des années, dépassant les hivers qui furent dévolus à mes grands-parents ou à Marraine.

À cette époque, nous devions nous soumettre au jeûne eucharistique absolu de trois heures avant de s'approcher de la sainte table. Quelques gorgées d'eau demeuraient tolérées, mais sans pouvoir la colorer d'un peu de jus ou l'accommoder de chicorée, voire de caféine. Et pourtant les Belgas de Nénenne resteraient de mise !

C'est donc l'estomac accentuant la perception de la froidure que nous rejoignions les voisins dans leur ascension vers le miracle de Noël. Exceptionnellement, la nuit me devenait accessible sous la haute protection des mains qui me serraient traduisant cette sauvegarde implicite, non dite, dans une obscurité profonde çà et là estompée par de hâves lueurs d'un malingre éclairage public, mon frère et son copain Arthur ayant explosé de leur fronde quelques grosses ampoules au filament déchiré.

L'atmosphère glacée me secouait de ces frémissements involontaires qui peuvent mener aux claquements des castagnettes dentaires, et Marraine s'efforçait de refréner mes frissons par d'énergiques massages rapides du dos dont l'efficacité restait très limitée.

Installés à nos places réservées que chacun respectait, nous assistions à cet office rempli de manifestations de la joie accompagnant l'avènement d'un enfant dans une mangeoire. La fatigue, mais aussi l'impatience de rentrer déballer mes joujoux, rendait la messe de minuit d'autant plus interminable que la solennité devait s'ouvrir à l'expression des virtuosités de chacun : l'aisance de Renée dans les pièces populaires exécutées à l'orgue qui faisait concurrence aux tuyaux *organo pleno* des plus belles cathédrales, le chœur policé des femmes en conversation avec les voix d'hommes toujours décidément fort rocailleuses, les organes vibrants de l'assemblée qui ne se voulait pas en dessous de l'événement, mais encore notre cher Curé Piedboeuf exhibant ses talents d'orateur et de célébrant.

Ajoutez-y l'habituelle odeur polychrome une fois de plus retrouvée se dégageant en un feu d'artifice saluant l'occasion au cours d'une cérémonie trop longue, dans un temple trop plein, surchauffé et respirant les muscs dus à la sueur qu'une vive marche sous d'épaisses protections de laine avait développée en luttant contre le vent glacial et les frimas nocturnes. Peu à peu la naphtaline et les eaux parfumées cédèrent sous l'offensive des exsudats corporels.

Enfin, l'office se finissait, avec la lenteur nécessaire à la pompe du moment, les conversations regagnaient leur cours dans une nuit dont l'agressivité se décuplait alors que nous quittions une église débordante de chaleur confinée. Reprenant le chemin de la maison, le pas se faisait d'autant plus rapide que nous nous laissions entraîner par la descente vers mes jouets.

Hubert se réservait la clef du maître et la manœuvre de l'huis restait le premier geste solennel de ces moments sacrés qui se présentaient à moi. Impatient, mais obéissant, j'attendais derrière la porte de la grande place que les dents de Nénenne aient rejoint leur bocal humide, et que les vestes, fourrures et manteaux retournent à leur refuge, puis me précédant, les adultes procédaient à l'ouverture du trésor. Encore fallait-il installer le petit Jésus dans sa mangeoire, lui consacrer quelques instants de contemplation, avant d'enfin démasquer la générosité du Père Noël, bien entendu aidé de saint Nicolas, puisque je ne fus présent au début de décembre que deux ans.

En 54, ces vénérables hommes m'avaient apporté ma première bande dessinée contant les aventures de *Nounouche*, l'oursonne blanche que tout le monde a oubliée et qui faisait ses débuts à l'école[25], comme Michel. Mais le plus stupéfiant fut de rencontrer aux fêtes suivantes une immense poupée de chiffon grimée aux traits de Nounouche que j'avais découverte par mes lectures et que le Grand Barbu avait commandée à un de ses lutins, en l'occurrence modiste de profession. Belle, puisque partageant le miracle de l'instant, elle me dépassait en taille et ne pourrait participer à mes jeux tant le drap de lit de sa peau devrait rapidement retrouver la lingère.

Très vite, grâce à Melle Hobé, *Tintin* prit sa place avec *les Cigares du pharaon*[26], puis les Indiens de la tribu *Arumbayas* m'entraînèrent dans l'exotisme de l'Amazonie revue et corrigée par Hergé dans l'album *L'oreille cassée*[27].

La décennie s'écoulant, le merveilleux s'effaça pour ne plus qu'être la fête des cadeaux, mais sans se départir des rituels

---

[25] *Nounouche à l'école*, @Enfants de France 1951 Durst

[26] Ed. Casterman

[27] Ed. Casterman

et de la messe de minuit qui conserva son atmosphère et… ses senteurs.

7. *Des artisans*

Pour des expéditions plus lointaines dans le village, ma Marraine me servait de guide protecteur, bien que l'audacieuse rencontre avec un rhinocéros ou un ours blanc restait extrêmement peu probable. Sans doute la sortie de l'école demeurait-elle propice durant cette première année à la découverte de ce monde tellement étranger à nos jours liégeois, et ma tante profitait de ces heures vespérales pour m'ouvrir sur des paysages fantasmatiques.

Héphaïstos

De temps à autre, Marraine m'attendait à la sortie de l'école avec un outil que mon grand-père avait martyrisé. J'allais pouvoir observer la forge, lieu empreint de sources multiples de dangers exigeant la plus grande sagesse, zone de suffocation, d'incinération des enfants, de profonde rudesse ! J'avais bien compris le message et j'abordai l'endroit avec la plus salvatrice circonspection.

Sur le parvis, un ouvrier rubicond aux muscles saillants, humides de sueur, que les dieux avaient sculptés, préservé par un *d'vantrin*[28] de cuir épais s'avançait hors de l'atelier porteur d'un cercle fumant rouge orange exhalant cette odeur âcre de fer chauffé dans le souffle de la fournaise. Au sol, une roue de bois attendait son bandage d'acier. Muni de longues pinces, le forgeron qui s'était fait charron présenta avec son ouvrier le ruban métallique qui, garnissant la pièce dépouillée de toute défense, lui restituerait la protection nécessaire sur ces chemins caillouteux. D'abondantes fumées puantes de ces tortures d'un autre temps s'élevaient s'accompagnant d'odeurs, de flammèches, de sueur dégoulinante ; un spectacle dantesque invitant Héphaïstos, Vulcain et Gofannon !   L'enfant de quatre ans n'a retenu de ce spectacle qu'un tableau fauviste en larges aplats aux couleurs saturées, négligeant les détails, y compris la nature de l'instrument que Parrain avait mis à mort. Bientôt, Héphaïstos allait rejoindre Wikipédia pour laisser la scène de la vie à de nouveaux artisans.

Le forgeron assurait aussi les réparations du matériel agricole, là où il fallait braser ou souder à l'oxhydrique, répondre à l'entretien des outils à main séculaires que les familles utilisaient, les ayant reçus en héritage de leurs aïeux. Ainsi, Papa possédait une houe de son père qu'il a employée des années durant et qui existe toujours un demi-siècle après sa mort, variolée de rouille, sans doute, mais parfaitement fonctionnelle.

---

[28] tablier

li cwèp'hî[29]

Parmi ces artisans singuliers qui n'allaient pas survivre aux métamorphoses qui attendaient Burdinne, il en est un qui me toucha plus particulièrement. Notre sacristain francophone retrouvait son laboratoire et son wallon natal dans une vieille maison voisine de l'école.

L'huis de la demeure s'ouvrait sur un long couloir étroit éclairé par une fenêtre percée sur la façade arrière qui se reflétait sur de grands carrelages foncés sentant la cire. Loin dans le corridor, la porte de gauche donnait dans un atelier où diverses paires de chaussures plus ou moins fatiguées attendaient patiemment les soins dispensés par Ferdinand.

Protégé d'un large cache-poussière gris, le thérapeute de ce cuir qui avait autrefois habillé un veau, ou pour les moins fortunés, une vache, consolidait enfonçant de petits clous trapus, ou enduisant d'une colle marron filante et épaisse, dégageant les exhalaisons d'un solvant opiniâtre envahissant la pièce. L'établi de chêne réunissait de multiples instruments dont les manches luisaient de l'énergie dépensée par l'usage et que les décennies de pratique avaient lustrés. Les tenailles, les tranchets, ou couteaux demi-lune se disputaient la place sur la table encombrée d'outils spécifiques dont je ne connaissais pas le nom ou la destination. Sur des étagères fixées au mur, la file

---

[29] le cordonnier

des patients en souffrance de soins attendait leur intervention. D'autres tablettes accueillaient des savates soumises à l'écartèlement sous la contrainte d'embauchoirs analogues aux marottes que Marraine employait pour adapter les chapeaux à des crânes trop gros.

Son visage rasé de près respirait toujours l'empathie que son travail francophone demandait. Ainsi, ses yeux préservés derrière ces verres cerclés de résine brune pleuraient des rides qui retombaient sur les joues, exprimant la tristesse d'une compassion permanente. La tête légèrement inclinée sur la droite achevait de le confirmer dans son rôle liturgique : il pouvait répondre à toute sollicitation ; décès, messe dominicale, mariage. Un doux sourire et une voix filtrée s'adapteraient aux circonstances.

Mais comme cordonnier, il assurait aussi, et débordait de demandes. J'aimais beaucoup le regarder travailler dans cette atmosphère feutrée que seuls les coups de marteau brisaient. Évidemment, je ne manquais jamais d'aller saluer son épouse Dyna qui occupait la pièce en regard du domaine de Ferdinand, et pendant ses dernières années de vie, notre chère Philomène qui profitait de la paix qui lui avait toujours été refusée lorsqu'elle habitait à côté de chez nous.

Li gor'lî[30]

Fin des années cinquante, les événements liés à l'indépendance du Congo belge ramenèrent des familles entières vers la Belgique, délaissant leurs biens en Afrique, mais préservant leur vie menacée. C'est ainsi que les Franquin s'installèrent à Burdinne dans une maison située aux Vallées, en face de chez le Baron, et appartenant à un artisan particulièrement singulier, proche parent de nos « *Congolais* » ainsi que les villageois les appelaient. Jusque-là, je n'avais jamais eu de contact avec cet homme extrêmement discret et un rien abrupt, et ne connaissais nullement ses activités. Son métier cependant important en cette époque où la traction animale conservait encore un certain intérêt l'amenait à réparer des colliers, des licols, et autres harnachements nécessaires : il travaillait comme *gor'lî*, lisez bourrelier.

Madame Franquin arriva au village entourée de ses sept enfants, dans les conditions assez frustes que l'on peut imaginer, ces modalités troubles conduisant à des rapatriements précipités. Ainsi je me fis de nouveaux copains, Alain et Michèle d'un âge proche du mien furent de fidèles compagnons de jeu, puis d'adolescence. De cette façon, mes récentes relations me permirent de pénétrer dans un atelier qui ne m'aurait jamais été ouvert dans d'autres circonstances ; j'allais

---

[30] le bourrelier

découvrir le petit appentis à l'arrière de la maison, à droite de la modeste cour.

Le *gor'lî*, dont je ne connais pas le nom, pratiquait ce métier devenu rarissime au cœur d'un univers poussiéreux dans lequel pendaient des lanières de cuir, des colliers de différentes dimensions, dont certains avaient dû appartenir à des chèvres, voire des chiens tractant des charrettes appropriées. Dans un coin, de la paille attendait le geste précieux du rembourrage de protection de l'animal dans ces poches s'adaptant aux épaules. Assis sur un tabouret, ou une courte chaise, l'artisan restait des heures devant la fenêtre aux montants métalliques éprouvés par les ans, l'ouvrage déposé sur ses jambes croisées, un pied s'appuyant sur l'arrière du mollet de l'autre membre. Il s'habillait toujours de vêtements de travail gris aussi fatigués que l'essentiel de son univers. Sa casquette plantée sur cette tête n'ayant plus rencontré de rasoir depuis plusieurs jours, il chiquait du tabac dont le jus coulait régulièrement par la commissure gauche de la bouche. Évidemment, comme beaucoup d'anciens pratiquant l'extraction buccale de nicotine, il était prudent de ne pas marcher dans une périphérie trop proche régulièrement baptisée de salive aromatisée. La pièce dégageait une exhalaison très spéciale que je n'avais jamais sentie. Le fil que le vieil homme forçait dans les trous effectués avec une alêne devait être traité afin d'éviter toute corruption provoquée par la transpiration de l'animal. Le *Gor'lî* s'emparait d'une boule de poix qui attendait sur l'établi, et passait plusieurs fois le fil des coutures au sein de la masse plastique qui imprégnait toute la salle de son odeur. Bien sûr cela tachait la paume de l'ouvrier, mais la couleur restait assortie au jus s'écoulant de sa bouche. Des aiguilles étaient adaptées aux dimensions et à la nature de l'ouvrage entamé ; certaines présentaient une courbure importante, et leur longueur choisie en fonction de l'épaisseur des cuirs à traverser.

Tout le travail s'effectuait avec un minimum de paroles et les réponses aux questions dont je ne manquais pas de le harceler flottaient dans le vide, ou n'étaient honorées que de lapidaires explications.

Dans la mesure où il m'acceptait, ce qui était variable, j'allai souvent le regarder préparer et réparer des équipements qui allaient rapidement tomber en désuétude.

Li rimoleu[31]

De loin en loin, le rémouleur se garait sur notre « parking » de l'autre côté de la route, offrant une nouvelle opportunité de réunir les voisins en un forum riche des dernières nouvelles, sans doute celles que l'on avait négligées lors de la récente rencontre, ou ne constituant qu'un complément d'information sur les ultimes événements que les tam-tams édifiants avaient déjà propagés.

---

[31] le rémouleur

Mon grand-père ne laissait pas à un inconnu le soin de rétablir le fil de ses tranchets, cognées, courbet, sorte de petite machette paysanne, faucilles ou diverses lames. Il possédait un aiguisoir au Carborundum qui, correctement mouillé de salive, recevait les couteaux ou canifs soumis à des gestes précis, alternatifs puis légèrement rotatifs sous le regard analytique de l'opérateur qui savait comment procéder.

Émorfiler une hachette ou un burin nécessitait un matériel différent. Parrain détenait une de ces anciennes roues à affûter circulaire en grès beige tournant dans un carter rempli d'eau et installé sur un bâti en bois muni de quatre pieds bien accrochés au sol. Une manivelle en acier permettait d'animer la pierre sur laquelle Hubert présentait l'outil à rectifier. Autorisé à participer à l'opération, j'assurais la rotation de l'engin alors que mon grand-père maintenait la pièce métallique avec adresse sur la surface humide en mouvement. Encore fallait-il respecter la meule qui avait connu bien des objets à rajeunir, et le geste assuré de l'opérateur ne l'avait entamé irrégulièrement malgré le poids des ans ; elle se donnait généreusement, s'épuisant toujours un peu plus afin de garantir ce rôle particulier qu'elle satisfaisait depuis tant d'années.

Mais s'il existe une lame à laquelle nul étranger ne pouvait toucher, c'était son sabre coupe-choux, ce cimeterre de barbier que seules des mains expertes pouvaient manipuler sans risquer de saigner comme notre porc celui qui n'aurait dû perdre autre chose que ses poils. À chaque utilisation, mon grand-père « repassait » son rasoir au moyen d'une bande de cuir tendue sur une armature métallique ; ainsi l'acier glissait sur la vieille peau de vache soumettant par un adroit mouvement du poignet ses deux faces. Après quelques déplacements, l'outil était vérifié ; il devait trancher sans bruit ni difficulté une feuille de papier journal présentée en sacrifice.

    Et pourtant il subsistait un peu de travail pour notre visiteur annuel : tous les ciseaux et autres instruments de coupe dont ma marraine avait l'usage dans son activité de modiste, ce qui l'arrangeait bien puisque cela lui fournissait une nouvelle occasion de rencontre des voisins.

Gaston, notre boucher

    Dès l'abandon simultané du cochon et du Grand Pierre, il nous fallut nous décider à fréquenter plus assidûment le boucher de l'agglomération qui tenait commerce un peu plus loin que chez Nelly Cabinet. Nénenne se désolait de la qualité du pâté mal aromatisé, du jambon à l'os dépouillé de goût, ou de la viande gorgée d'eau ! Pourtant, les villageois n'avaient d'autre choix, et les Bruxellois, entendez les nouveaux propriétaires ayant acquis une résidence secondaire à Burdinne, se pressaient le week-end pour faire provision de produits campagnards avant de rejoindre la capitale.

Gaston Fontaine affichait de généreuses rondeurs qu'il partageait avec son épouse, et ils n'avaient pas gardé pour eux les gènes de l'encombrement physique : leur fille, qu'ils avaient prénommée Claire, forcément, débordait de cette belle humeur que, sans doute, l'embonpoint octroie, et son frère Marcel lui aussi largement pourvu, détenait le record familial. Il possédait une 2 CV bleue dont la souple suspension s'écrasait dramatiquement tandis que son chauffeur pénétrait dans le véhicule. À la fermeture difficile de la portière antagoniste élégamment appelée « suicide » dans ces véhicules dont le vent aurait pu les rabattre exposant les passagers avant, nous devinions les bourrelets violentés lorsque le panneau heurtait le montant du pare-brise plat de ces premiers modèles. Sous le poids, la Citroën s'éloignait lentement toute bancale et souffrant sous l'effort, le bonnet de laine indigo foncé de notre ami Marcel disparaissant de notre vue.

Marie, la patronne au visage rubescent, la jolie Claire et Marcel débordaient d'une belle humeur au rire communicatif qui n'était pas que mercantile. Gaston ne partageait que rarement cette rondeur de caractère tellement agréable ; l'artisan reste un homme sérieux transformant les dépouilles animales en pièces de viande et charcuteries traditionnelles devenues admissibles par l'effacement de l'acte de mort. Leur commerce se pratiquait dans un local exigu carrelé de blanc en contrebas de la maison d'habitation, encombré d'un énorme frigo fermé d'une porte de bois dans lequel le boucher disparaissait après avoir brisé les ténèbres et allumé la lampe répétitrice rouge. Face à la chambre froide, le long du mur, un billot de charme aux coins renforcés d'acier galvanisé creusé par des décennies d'usage recevait les morceaux de chère à débiter. Un petit comptoir vitré barrant le passage garni de marbre clair veiné de gris présentait les charcuteries proposées à la vente. Posées sur l'étal, une balance et une trancheuse complétaient l'équipement du magasin.

À l'arrivée d'un client, Marie ou Gaston surgissait avec lenteur, saluant avec plus ou moins de bonhomie les personnes présentes depuis le haut de l'accès privé ; Marie, toujours diserte, descendait les marches prudemment, appuyant les pas en oblique sur les degrés cimentés beaucoup trop courts pour de vieux pieds déformés. Et les dernières nouvelles, une fois de plus, s'échangeaient avant toute chose, radio Burdinne jamais ne cessant ses émissions. Puis venaient seulement les achats ; le pâté gris-vert bardé d'un couvercle de saindoux blanc, le jambon sans nitrate pour susciter l'appétence, les *pî d'pourcia*[32] sous leur vitrine de gélatine brunâtre, ou le célébrissime « fromage de tête » local utilisant moult pièces de chair d'identité variée et non spécifiée hachées avec des cartilages en menues fibres gelées et largement vinaigrées, moulées en terrine circulaire.

Sans doute les conservateurs ont-ils rougi les viandes et cochonnailles, et le « fromage de tête » s'est-il apprivoisé, délaissant un peu de son acidité et les poignées généreuses de thym qui désinfectaient les plats et nos intestins, mais c'est maintenant un nouveau boucher qui a repris l'activité. Les jours

---

[32] pied de cochon,

de la blonde Claire Fontaine se sont taris, et la 2 CV de Marcel a abandonné ses fines tôles au ferrailleur alors que le « Crabe » a emporté il y a bien longtemps son propriétaire vers d'autres édens où la nourriture est laissée sur pied.

et bien d'autres…

Nous aurions pu arrêter la plume sur ces multiples artisans dont la nécessaire présence permet la vie de tous les jours à une époque où les véhicules personnels demeuraient rarissimes ; les emplettes de tous les jours restaient l'apanage des moyens locaux, et effectuer un achat particulier impliquait de prendre l'autobus et se rendre à Namur, Hannut ou Huy ; un réel périple contraint par ses horaires, la mise de rigueur, et l'usage de ce Français vernaculaire obligatoire lorsque les contacts devenaient urbains !

Notre facteur Fernand dont le bureau d'attache se trouvait au coin de la rue, en face de chez Nitko, aurait mérité son paragraphe soulignant son sourire, le plaisir de sa visite, son habileté à passer et demeurer présent auprès de chacun si même aucun envoi ne lui était réservé. Ou encore, notre boulanger Eugène qui apportait notre gros pain ménage toutes les semaines, nous rachetant les œufs largement surnuméraires conservés dans la fraîcheur de la cave, empilés dans une manne d'osier bruni par les ans ; cher Eugène, lien indispensable entre les différents quartiers du village, tam-tam puissant contribuant efficacement à la propagation des infos qui ne nous étaient pas parvenues.

    L'agrégation et l'accumulation d'autres exemples auraient sans doute procuré leur touche de couleur locale au tableau de cette époque enlisée par les strates des ans, mais ils n'auraient pas modifié le cliché de cette société qui, comme une vieille photo ayant vu ses robes s'estomper pour ne plus proposer que des nuances bistre, n'aurait présenté qu'un parfum à valeur historique.

8. *Je deviens grand*

Les ans s'accumulent

À mon entrée dans le primaire, l'école revêtit un costume qui n'allait pas me plaire. J'avais éprouvé tellement de plaisir durant les deux années que je passai en exploration auprès de Melle Hobé, que le contraste demeurait stupéfiant. Je découvrais un univers non moins sombre que les cache-poussière de nos instituteurs, l'un bourru et brusque, au visage rougeaud, l'autre petit, émacié complètement détruit par une incarcération allemande dont nous n'étions responsables, aux accès de colère redoutables qui conduisit Monsieur Philippe à plier une règle métallique, il est vrai publicitaire et de faible épaisseur, sur la tête de ce pauvre Enrico, trop grand et à l'esprit mal éveillé. Si nous y ajoutons ce cher Monsieur Derroi, méprisant, au ventre aussi encombré que sa mentalité se révélait mesquine, franc-maçon affiché, vouant aux gémonies les élèves fréquentant le cours de religion dont j'étais, évidemment.

Heureusement, abordant ma sixième, le hasard voulut que je rejoignisse le groupe que Monsieur Limbioul allait prendre en charge. Avec cet artisan de la connaissance, je compris que le métier pouvait s'ouvrir à des pédagogues de qualité, lui qui allait me faire retrouver le plaisir de l'initiation. Un exposé d'histoire se parait de dimensions nouvelles, tellement vivantes,

Clovis ou les ancêtres de Cro-magnon reprenant vie devant nous, et les leçons de grammaire qui auraient pu se convertir en parcours chaotique devenaient autant de petites clefs d'apprentissage de la langue. Sur le plan humain, cet instituteur exceptionnel savait débusquer les infimes leviers qui, pour chaque écolier, pouvaient rendre l'assimilation possible et efficace, même chez les garçonnets maladivement scrupuleux mais rêveurs, malheureusement bloqués par des *mare moto* d'émotion surtout à l'interrogation orale. Moi qui restai enseignant pendant tant d'années, j'aurais aimé découvrir et intégrer son habileté qui fut rejointe quelques années plus tard par les compétences de Monsieur Lemaire, remarquable professeur de sciences que je rencontrai en troisième, notre quatrième de l'époque, nous qui décomptions les années du secondaire.

    Je retournais régulièrement à Burdinne, notamment durant les périodes de vacances, et mon plaisir de retrouver mes copains, mon vélo, mes escapades désormais s'étendant à tout le village voire même un peu trop loin au goût de ma marraine, se renouvelait bien que ma transplantation à la campagne ne s'opérât jamais sans de tristes pensées liées à cet ostracisme de fraîche enfance qui m'avait privé de la présence de mes parents.

L'insémination naturelle

Peu à peu, mes centres d'intérêt se confirmaient en ménageant une belle place à l'écoute de la musique, celle que Maman défendait au disque ou au piano, mais encore à l'observation naturaliste ou la lecture, surtout de mes livres appartenant à la nébuleuse des sciences telles mes biographies de Marie Curie, Pasteur, ou les douze volumes des *Sciences et Techniques* édité chez Marabout, ma première encyclopédie destinée aux jeunes.

Bien entendu, la reproduction ne pouvait que faire partie de mes objets de préoccupation. Mes ouvrages m'en avaient souligné l'ubiquité, des moucherons aux éléphants, et j'avais rencontré dans mes livres à côté des voies sexuées banales et communes, les modes parthénogénétiques des abeilles lorsque la reine défaille ou des multiples pucerons voire la scissiparité des unicellulaires que j'apercevais au microscope. Évidemment, je ne pouvais saisir du haut de mes dix ou onze ans les subtilités de ces phénomènes, mais mes bouquins distillaient suffisamment de savoirs que pour m'émerveiller du vivant et confirmer le chemin que le jeune adulte suivrait quelques années plus tard.

Mais demeurer de longs mois à la campagne où les cultures et les bestiaux se partageaient les terres ne pouvait qu'illustrer concrètement la reproduction chez les ovins et les bovins. Il fallait bien que la vache ou la brebis connaisse le

mâle pour que s'ouvrent les fontaines lactées.
Manifeste pour tout le monde, y compris pour mes copains, mais tellement… sauvage. Vous avez sans doute déjà été témoin des « amours » d'un taureau avec sa femelle, ou encore d'une truie et d'un verrat ; si le tableau vous a séduit et que vous avez trouvé cela charmant, ou romantique, nous ne devons pas participer au même train de sensibilité ! Et je passe la vigueur, voire la brutalité de la chose, les odeurs d'étable partagées à la ronde ; les chiens eux-mêmes estimaient cela tellement court, que le couple restait bloqué, uni l'un à l'autre jusqu'à susciter leur étonnement !

 Croissez et multipliez-vous, avait-il dit ; mais les voies déployées me semblaient très primitives ! À cet endroit, la scissiparité des protistes se présentait avec beaucoup plus d'économie, de moyens et de pudeur. OK, ce n'est pas la meilleure façon d'assurer la mixité génétique, et on n'imagine pas une vache dupliquant sa copie, image fidèle d'elle-même, se coupant en deux de la tête à la queue ainsi que s'ouvre une fermeture éclair !

Une voie éthérée

 Du haut de mes onze ans, je ne pouvais intégrer le sommet de la pyramide de l'évolution représenté par l'homme et la femme dans ce film puant de bestialité. La noblesse de notre espèce impliquait un chemin de pureté, de délicatesse, conduisant à l'apparition de l'enfant, fruit d'un amour très courtois, à supposer que cette esthétique médiévale me fût révélée.

Paradoxal, chez un jeune adolescent éveillé tant à la polarité de son genre qu'à l'exploration de bien des réalités de la biologie. Mais la notion de clarté de l'âme s'accommodait mal d'un comportement, de pensées ou de parole qui nous auraient précipités dans l'opprobre. Encore fallait-il découvrir les clefs de la reproduction humaine !

À quelle aporie inextricable me trouvais-je confronté ?

Ainsi que je l'ai évoqué plus haut, à l'été de mes douze ans, le cercle de mes amis s'enrichit de la rencontre de la famille nombreuse des Franquin. Rapatriée de ce qui fut le Congo belge, Madame préservant sa sécurité quitta l'Afrique accompagnée de ses enfants avec une amertume profonde. Accueillie chez le *Gor'lî*, la tribu adapta la grande demeure de l'ancien qui devint d'autant plus exiguë que mes copains et moi en fîmes notre lieu de ralliement. Nous envahissions le rez-de-chaussée de la maison, la grange, les étables ou le verger, et la gentillesse de l'hospitalité nous y ramenait tous les jours. Seul l'atelier embaumant le suif et le vieux cuir nous était interdit ; le *Gor'lî* y veillait avec une vigueur puisée dans les réserves ménagées par les temps de repos que l'âge imposait.

Et parmi le clan Franquin, une jolie gamine partageant mon année de naissance et poussant le bon goût jusqu'à se prénommer comme moi me séduisit. L'émotion se révéla grande et échangée ; nous découvrions tous deux de nouveaux paysages que l'immaturité ne nous avait jamais dévoilés à travers notre première décennie. Tous les copains le surent et les allusions fusèrent divulguant des coups de soleil que nos visages ignoraient.

Évidemment notre jeunesse nous préserva d'effusions inconvenantes, et Monsieur le Curé n'entendit aucune souillure dégradante. Mais se reposa le problème de la fécondité de l'espèce humaine ; comment enfanter sans noirceur ?

Et de cette innocente relation juvénile naquit la piste de la compréhension !

Je partis d'un préalable soutenu par un axe solide, un postulat cardinal dont la maturité a mis en exergue la complète inanité et que nous pouvons résumer simplement : l'héritier ne peut s'engendrer spontanément que dans un couple formé, stable, soudé par un rapprochement profond et dès lors fertile ; fruit né du sentiment, sans contact polluant !

Cela évitait toute la gymnastique abjecte du monde animal puisque celui-ci ne pouvait se résoudre à la procréation discrète des végétaux.

Ainsi, j'avais imaginé que si l'émoi entre deux êtres est vécu avec réflectivité vive et passionnée, le petit homme ne pouvait que se trouver fécondé par l'émotion intense du Papa reçue par la Maman le lui restituant avec la même intensité : c'est donc de ce chemin particulier que devaient germer les enfants, fruits presque spirituels, matérialisation concrète de l'amour, sans devoir recourir à des pirouettes audacieuses et dégradantes !

Au soir de ma vie, je regarde avec tendresse cette vision utopique comblée de pureté qui contient au moins une vérité profonde ; le bébé ne devrait connaître l'existence que dans une relation sincère et forte.

Mon problème venait de ma première conquête, qui fut par ailleurs la seule avant la rencontre à vingt et un an de mon épouse. Il fallait absolument que les sentiments restassent tempérés, sans amplification malheureuse qui aurait conduit immanquablement à l'éclosion de l'enfant, situation inadmissible à nos âges, et bien entendu inacceptable hors mariage. Bien heureusement, notre contention fut à la hauteur de nos obligations et aucun Mulquet inopportun ne fleurit.

Aimer oui, mais pas trop ! Curieuse contraception !

Mais les mois passant, mes lectures se multipliant, je pris conscience combien la théorie possédait des charmes exquis, mais qu'incontestablement l'espèce humaine se pliait à la conception interne, tout en étant que l'inintégrable « gymnastique » pouvait se moduler en autant de variations que l'inventivité, mais encore que la délicatesse rendait attractives, se départant des pratiques du surplus du monde animal ; oui l'enfant devait naître fécondé par l'amour réciproque, cela demeurait un moteur primordial !

8. *Une histoire non close*

Bien que de multiples imprimés du passé subsistent et ont trouvé place dans les tiroirs de la commode de mon histoire, il importait de limiter le propos à la description économe d'une période surannée imprégnée des senteurs prégnantes d'une existence campagnarde que l'évolution imposée par les années soixante allait plonger dans les arcanes du passé.

Ne valait-il pas mieux restreindre mon évocation à quelques riens d'aquarellistes déposés sur un fond encore teinté des relents d'une récente belligérance que d'alourdir de touches épaisses chargeant d'un couteau trop généreux un tableau trop grand, et j'épargnerai au lecteur les cent pages supplémentaires qui n'auraient rien ajouté au sujet.

Avec de très nombreux protagonistes présentés ici, la vie de cette époque est enterrée dans un catafalque dont l'herméticité ne peut être bravée que lors de témoignages, de photos, de réminiscences, d'analyse scientifique documentée à laquelle ces quelques feuilles ne peuvent prétendre.

Le forgeron qui savait se faire charron ou maréchal-ferrant s'adapta et devint garagiste, dominant d'autres chevaux qui ne laisseraient à terre qu'une tache d'huile en lieu et place de ce crottin qui alimentait les potagers de l'homme du feu qui récoltait les traces équines, vestige organique du ferrement.

Les haies des champs subirent un écartèlement les arrachant au sol qui les avait nourries des décennies, des siècles.

Pour se rendre plus aisément à la campagne, la plupart des voies empierrées furent asphaltées, et les roues ne crissèrent plus sur les chemins sous les bandages d'acier.

Le matériel muta avec les exigences émergentes imposées par la modernité d'une nouvelle ère qui impliqua l'évolution des besoins et des moyens, libérant les chevaux de trait et les bœufs français, chassant les hirondelles rustiques qui ne trouvaient plus les souilles, réservoirs de boue nécessaires à l'édification de leur nid, ni la profusion d'insectes des buissons sacrifiés.

Les petits agriculteurs n'exploitant que de faibles surfaces inadaptées aux énormes moissonneuses-batteuses tenues par des entrepreneurs furent contraints d'offrir leurs bras aux usines du bassin mosan, ou souvent, arrêtèrent leurs activités professionnelles.

Ma campagne pittoresque qui appartient à une partie importante de ces fondements sur lesquels l'adulte que je suis, s'est estompée pour faire place à un nouveau tableau que mon adolescence allait apprendre à lire fréquemment sans sympathie.

Mais ainsi que le chante Kipling, ceci est une autre histoire[33].

---

[33] *Simples contes des collines (Plain Tales from the Hills)*

Postface

Aux fins de réaliser quelques clichés illustrant le texte, je suis retourné à Burdinne après plusieurs décennies ; elle s'est révélée enrichie de parures attractives.

Ma séduisante école s'est transposée au niveau de la fontaine abritant de récentes installations adaptées au temps sous de nouveaux habits, renvoyant l'historique point d'eau vive et intarissable qui abreuva les Burdinnois et leurs bêtes des siècles durant dans les profondeurs des archives.

Les petites exploitations se sont réinventées, les fumiers diaprant les devantures, stigmates prégnants de la réalité des étables, humides des purins vivifiants qui, effacés sous la pression des migrations, ont engendré de multiples corolles et décorations. Les ans et la cessation des activités agricoles ont transfiguré les vacheries, bouverie, porcheries et autres écuries en pièces de vie confortables s'ouvrant en de généreuses baies.

Certes, nombreuses sont les habitations qui n'ont pas connu cette mutation, mais Burdinne s'est fait coquette et accueillante devenant une agglomération beaucoup plus résidentielle, repoussant définitivement mon village d'enfance dans l'oubli du passé.

Il convenait que cela fut signifié.

Table des matières.

Prologue.	1
1. Les bois du cerf	3
Ma branche liégeoise	3
Lorsque les mois se font funestes	10
2. Ma ramure paysanne	13
La branche patronymique burdinnoise	13
Ma forclusion bucolique	16
Ma marraine et tante	19
Mononcle Léon	20
Notre modiste	23
3. Mes découvertes agrestes	27
Le village de Burdinne	27
Ma première école	37
Notre vie quotidienne	41
Inestimable sablier du jour	44
Morphée.	52
L'orage	54
La lessive	59
4. Li vèye amon Arsène	63
Nos sources d'eau vive,	63
L'entretien de la maison	65
Mes anglaises	68
Nos animaux	70
Le Grand Pierre	74
Notre voisinage	77
Balauche	80
l'hiver 53 - 54	88
Le médecin	90

Madame Nitko	93
5. La vie sociétale	97
L'aspect clanique du village	97
Les moissons	100
La fête à Burdinne	105
Florî Påke	109
La confession	112
Frère Mutien-Marie	115
Les superstitions	117
Un matador à Burdinne	121
Monseigneur	123
Les décès	128
6. Ma petite vie	133
Michel chante	133
Les travaux hydrauliques	135
Le naja	137
« ne fais pas le petit sot ! »	139
« envole-moi, remplis ma tête d'autres horizons »	142
SV4	144
Monsieur le Comte	146
La fête de Noël	147
7. Des artisans	153
Héphaïstos	153
li cwèp'hî	155
Li gor'lî	157
Li rimoleu	159
Gaston, notre boucher	161
et bien d'autres…	164
8. Je deviens grand	167
Les ans s'accumulent	167
L'insémination naturelle	169
Une voie éthérée	170
8. Une histoire non close	175
Postface	177